프랑스식 하루 15분
몬테소리 놀이사전

델핀 질코트 지음

차례

p114 비교하고 분류하는 몬테소리 놀이

p152 알록달록, 색깔 몬테소리 놀이

p138 집게를 활용한 몬테소리 놀이

p170 정원에서 만나는 몬테소리 놀이

Montessori à la maison (80 jeux pédagogiques à réaliser soi-même)

Éditions Eyrolles, 2014 61, bd Saint-Germain 75240 Paris Cedex 05

원서에 맞추어 번역하였으나, 한국 독자가 이해하기 쉽게 차례 구성을 짰으며
원저작자의 의도를 해치지 않는 선에서 한국 실정에 맞추어 옮겼음을 밝힙니다.

머리말

이 책은 몬테소리 교육을 아이들과 집에서 쉽게 할 수 있는 다양한 놀이 방법과 놀이에 필요한 교구들을 준비하는 방법을 자세히 담았습니다. 이 책에서 소개하는 몬테소리 놀이들은 모든 아이들이 쉽게 따라할 수 있으면서, 아이들의 성장 발달에 도움이 됩니다.
글쓴이 델핀 질 코트는 몬테소리 교육법을 배운 뒤, 일하고 있는 학교의 특수 학급에 몬테소리 교육을 위한 아틀리에를 만들었고, 지금은 모든 아이들이 이용할 수 있는 '무당벌레 요정Les Fées Coccinelles'이라는 아틀리에를 만들어 활동하고 있습니다.
아이들은 2세부터 다양한 도구들을 다룰 수 있습니다. 아이들의 오감을 자극하는 공간과 놀이들은 아이들이 배우고 자라나는 데 꼭 필요합니다. 아이들은 배우는 과정에서 어른들의 칭찬과 도움이 필요합니다. 몬테소리 교육법은 어른들과 아이들 사이의 교류를 활발하게 해 주고 어른들의 지식을 넓히는 데도 매우 긍정적인 역할을 합니다.
이 책에서 가장 중요하게 다루는 것은, 몬테소리 교육에 필요한 교구

몬테소리 놀이
또 할래요 또요!
클레멍스 2살

들을 아이들이 스스로 다룰 수 있게 쉽게 만들어 놀이할 수 있게 하는 것입니다.
이 책은 모든 사람들이 활용할 수 있습니다. 자신의 아이들과 놀아주고 싶은 부모님, 자신들이 돌보는 아이들에게 색다른 놀이를 가르쳐 주고 싶은 아이돌보미, 아이들의 감각과 집중력 그리고 자신감을 키워주고 싶은 선생님, 스스로 발전하고 싶은 아이들, 그리고 다양한 감각 활동이 필요한 고령자나 환자들 모두 몬테소리 놀이를 실천할 수 있습니다.
책을 읽을수록 글쓴이가 얼마나 몬테소리 교육에 열정을 가지고 있는지 알 수 있을 것입니다. 여러분들도 몬테소리 놀이를 시작하면 예전처럼 행동하거나 말하지 않는 것을 조금씩 발견하게 될 것입니다. 더욱 큰 효과를 보고 싶으신 분들은 참고 문헌에 소개되어있는 책들을 읽거나 국제몬테소리협회에서 주관하는 몬테소리 교육을 받으면 좋습니다.

> 아이가 스스로를 통해 얻는 모든 것을 우리가 이해할 때, 우리는 인간이 무엇이 될 수 있을지 더 잘 알게 될 것입니다.
>
> 마리아 몬테소리

몬테소리 교육 현장의 목소리

유치원 선생님인 레진, 오드, 세실은 수업 시간이나 학습 부진아를 위한 지도 시간에 몬테소리 교육을 실시합니다.
“몬테소리 교실은 아이들이 자신감을 얻는 데 도움이 돼요. 특히 아이들이 배움에 흥미를 느낄 수 있도록 도와주죠. 많은 연구와 실험이 이를 증명해 줍니다. 어른들과 같은 물건을 사용해 놀이를 함으로써 아이들은 자신감을 얻고 스스로를 더 가치 있는 사람으로 느껴요. 그리고 ‘선택’은 몬테소리 교육에 있어 매우 중요한 요소에요. 아이들은 자신에게 알맞은 놀이와 교구 그리고 자신에게 필요한 활동을 찾고 선택하는 법을 배우게 되죠. 또한 몬테소리 교실은 아이들의 자율성을 키우는 데 매우 긍정적인 역할을 합니다. 자신이 해야 할 일을 스스로 책임지는 것을 배우고, 놀이를 이해하지 못한 친구들이나 아직 시작하지 않은 친구들에게 규칙을 설명해 주기도 합니다. 아이들은 평소보다 더 자주 서로 도움을 주고받았습니다. 몬테소리 교실에서 아이들은 자유롭습니다. 아이들은 놀이를 구경만 할 수도 있고 그 어떤 활동도 하지 않아도 됩니다. 놀이 도구에 따라 놀이 규칙이 달라지고 아이가 원하는 도구를 사용하지 못할 경우 실망할 수도 있죠. 중요한 것은 어른이 아니라 아이가 스스로 놀이를 통제해야 한다는 겁니다.”

소피는 두 아이의 엄마이며, 아이돌보미 일을 하고 있습니다. 그녀는 초급 몬테소리 교육을 받았고 배운 것을 집에서 실천하고 있습니다. “저는 아이들이 집이나 학교에서 자신감을 잃었을 때 어떻게 도움을 줄 수 있을지 고민했습니다. 이제는 자유 시간이든 아니든 언제 아이들이 집중하고 언제 지치는지

> 선생님이 아이를 사랑하는 것만으로는 충분하지 않습니다. 선생님은 우선 아이의 세계를 사랑하고 이해해야 합니다.
>
> 마리아 몬테소리

알게 됐죠. 8살, 10살이 된 제 두 아이들도 똑같았습니다. 제가 관찰한 아이 중 루시라는 아이는 일상에서 일어날 수 있는 작은 사건 사고의 뒤처리를 직접 나서서 해결하곤 했어요. 예를 들어 찢어진 책이나 엎질러진 물을 치우고, 심지어 자신이 사용하지 않는 놀이 도구나 책들도 치워요. 그리고 제가 식탁을 차릴 때나 식사 준비를 할 때 저를 도와주곤 하죠. 그런데 루시의 이런 행동은 아이의 부모님에게는 걱정거리였어요. 그들의 눈엔 루시가 과도하게 활동적이고 자주 흥분된 상태인 것 같아 보였죠. 아이와 대화를 해 보니, 루시는 그저 심심했고 부모님과 무엇이든 함께하고 싶어서 그랬다는 것을 알게 되었어요. 저는 아이들과 물 따르기, 옮기기, 분류하기 그리고 만져 보는 활동을 많이 합니다. 놀랍게도 아이들을 관찰하고 있으면 항상 어른들이 먼저 나서서 아이들 대신 무엇인가를 해 주려는 것을 볼 수 있습니다. 그래서 저는 되도록 아이들이 자율적으로 행동하도록 내버려 둡니다."

유치원 선생님인 마르틴의 이야기를 들어 봅시다. "몇 년 전부터 몬테소리 교육을 실천하고 있어요. 처음부터 몬테소리 교육을 했던 건 아니에요. 저는 아이들이 자율적으로 활동할 수 있는 열린 교실을 만들고 싶었죠. 그래서 플라스틱으로 된 서랍장을 샀고 서랍을 여러 도구들로 채웠어요. 저는 이 도구들을 아이들에게 보여 주고 어떻게 이 도구들을 가지고 노는지 정리는 어떻게 해야 하는지 설명해 주었죠. 아이들은 즐겁게 놀이를 하기 시작했고 놀이 중 매우 조용히 집중하는 모습을 보여 줬어요. 때때로 놀이를 하기 전에 아이들에게 어떤 활동이 제일 재미있고 하고 싶은지 적합한 단어를 사용해서 설명해 달라고 하죠. 몇 번의 수업을 하고난 뒤 아이들과 이야기를 나누는데 이때 아이들은 무엇을 했는지 어떤 활동을 할 때 가장 즐거웠는지 어려웠던 점은 무엇인지 이야기해요. 이런 새로운 수업 방식에 아이들은 완전히 매료되었어요. 특히 물을 이용한 몬테소리 놀이가 매우 인기가 있었고 아이들을 매우 침착하게 만들어 주었어요."

시작하기에 앞서,

몬테소리 교육을 하기 위해, 굳이 비싼 교구들을 살 필요는 없습니다. 이 책에서 소개될 몬테소리 놀이 교구들은 매우 쉽게 만들 수 있습니다. 그리고 최대한 재활용품을 재료로 사용하였습니다. 아이들과 함께 교구를 직접 만들어 보길 권합니다. 저렴한 가격으로 다양한 물건을 구할 수 있는 중고 시장을 활용하는 것도 좋은 방법입니다. 또한 대형 슈퍼에 준비된 박스나 상자 등을 사용하는 것도 좋습니다.

부모님이나 선생님이 직접 만든 교구를 아이들에게 보여 주는 것을 추천합니다. 아이들은 분명 교구를 좋아할 것이고 함부로 사용하지도 않을 것입니다. 교구를 만드는데 많은 정성이 들었다는 걸 아이들에게 이해시키는 것이 중요합니다. 또한 부모님이나 선생님 스스로 자신이 만든 교구에 대해 자부심을 가질수록 아이들도 당신을 따르게 될 것입니다.

몬테소리 놀이를 통해 아이들은 일상에서 해야 하는 일들에 적응하며 자율성 또한 발전할 것입니다. 아이들에게 쟁반을 드는 법이나 스스로 물을 따라 마시는 법, 자신이 한 실수는 뒤처리를 스스로 하는 방법 등 질서를 지키도록 가르치는 걸 추천합니다. 놀이를 통해 아이들의 감각은 한층 더 발달할 것이며 자신의 리듬에 맞춰 운동 능력도 발전할 것입니다. 이 책에서는 일부러 나이에 따라 놀이를 나누지 않았습니다. 아이들마다 관심사가 서로 다르고 발달 정도도 다르기 때문입니다.

이 책을 읽고 나서 어떤 놀이부터 시작해야 할지 막막할 수 있습니다. 순서에 상관없이 가장 마음에 드는 놀이를 먼저 해 보길 권합니다. 그리고 무엇보다 아이들이 놀이를 할 때 경계를 늦추지 말고 항상 지켜보도록 하세요. 특히 크기가 작은 재료들을 조심해야 합니다.

몬테소리 교육 철학을 이해하게 됐다면 부모님이나 선생님이 스스로 새로운 놀이를 만들어도 좋습니다. 아이의 나이와 취향에 따라 교구를 마련하도록 하고, 교구를 준비할 때 남아아이와 여자아이를 구분할 필요는 없습니다. 남자아이들도 설거지나 빨래 놀이를 매우 좋아합니다.

여러 명이서 교구를 함께 만드는 것이 좋습니다. 그 과정에서 교류와 나눔을 배울 수 있기 때문입니다. 만약에 정확한 재단이 필요한 교구를 원한다면 가까운 목공소나 철물점의 도움을 받길 권합니다. 철물점에 가면 여러분들이 필요한 모든 재료를 찾을 수 있을 것입니다.

이 책에 소개된 교구들은 지적 재산권에 의해 보호 받고 있으니 동의 없이 산업용으로 만드는 것을 금지합니다.

마리아 몬테소리에 대해

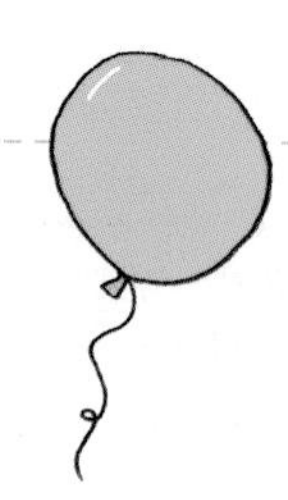

마리아 몬테소리는 1870년 이탈리아 키아라발레에서 태어났습니다. 매우 엄격한 집안에서 자랐으나 어머니는 그녀의 자유를 존중해 주었습니다. 26살이 되었을 때, 그녀는 이탈리아 최초 여성 의사들 중 한 명이 되었습니다. 로마 대학 신경정신과에서 일하던 중 지체장애아들을 돌보게 되었고, 그 아이들을 위한 장난감과 놀이가 없다는 걸 알게 되었습니다. 그녀는 프랑스의 교육학자인 장 이타르(1774-1838)와 에두와르 세갹(1812-1880)의 보고서를 접한 뒤, 1900년부터는 교육학에 전념합니다.

마리아 몬테소리는 1899년 토리노에서 열린 교육 학회에 참여하게 되고 당시 교육부 장관이었던 기도 마첼리를 만나게 됩니다. 장관은 마리아 몬테소리에게 로마에서 콘퍼런스를 열도록 권유하였습니다. 마리아 몬테소리는 지체장애아들에 대해 "도덕 교육에 대해 보고서를 쓰고 있었는데, 순간 지체장애아들의 문제가 의학적이라기보다 교육적이라는 느낌이 들었어요."라고 말했습니다. 얼마 뒤 그녀는 교사를 양성하는 학교를 지었고 아이들을 관찰하는 게 얼마나 중요한 지 강조하였습니다. 그녀는 항상 "판단하지 말고 관찰하세요." 라고 말했습니다. 그녀는 파리나 로마에서 열리는 수많은 회의에 참여하였으며 지체장애아들에게 읽고 쓰는 방법 등을 가르쳐주고 보통의 아이들과 함께 시험을 치게 하는 등 그들에 대한 연구를 계속하였습니다.

미취학 아이들을 위한 교육법을 연구하고 있던 1906년은 그녀 인생의 전환점이 되었습니다. 1907년에는 로마에 첫 번째 '아이들의 집Casa dei bambini'을 세웠습니다. '아이들의 집'은 마리아 몬테소리가 고안한 다양한 교육법을 실험해볼 수 있는 공간이 되었습니다.

1913년부터 그녀는 국제 강연을 계획하였습니다. 많은 협회와 구호단체들에게서 '아이들의 집'을 만들어 달라는 요청을 받았습니다. 여러 강연과 수업을 열거나 학교를 설립하기 위해 자주 여행을 다녔습니다. 1921년부터 1931년 사이에는 새로운 교육법을 위한 국제 모임에 참여하고 수많은 학회에서 자신의 연구를 발표하였습니다. 이 시기에 그녀는 아동 교육법의 거장인 아돌프 페리엘르, 존 듀이 그리고 로제 쿠지네를 만났습니다.

1929년에 그녀가 고안한 교육 원리와 교육법을 알리기 위해 국제몬테소리협회를 설립하였습니다. 그녀는 1952년 네덜란드에서 사망하였으며, 그 후에는 그의 아들이 업적을 이어나갔습니다. 오늘날 세계적으로 22,000여 개의 몬테소리 학교가 있습니다.

몬테소리 교육의 주요 원칙

모든 아이들은 유일하다

마리아 몬테소리는 0세에서 6세의 아이들이 강한 흡수력이 있음을 발견했습니다. 흡수력이란 마치 스펀지가 물을 흡수하는 것처럼 주위 환경을 받아들이는 것을 뜻합니다. 이때 아이들은 좋은 것과 나쁜 것을 구분해서 받아들이지는 않습니다.
마리아 몬테소리에 따르면 모든 아이들은 유일한 존재입니다. 아이는 그만의 성격, 생활 리듬, 장점, 단점 등이 다 다릅니다. 모든 아이들은 민감한 시기를 겪기 마련입니다. 이때 아이들은 감수성을 가지게 되며 바로 이 시기에 성격이 형성됩니다. 성격이 한 번 형성되면 감수성도 예전처럼 크게 변하지 않습니다.

그러므로 아이의 성격이 형성될 때 좋은 환경을 만들어 주는 것이 매우 중요합니다. 아이들의 민감한 시기는 아래와 같이 나눌 수 있습니다.

- 언어에 민감한 시기(2개월에서 6세) : 언어나 행동이 가지는 개념을 이해하기 시작한다.
- 몸짓에 민감한 시기(18개월부터 4세) : 손의 움직임이 섬세해진다.
- 질서에 민감한 시기(출생부터 6세) : 정보를 분류하고 정리하며 이성이 발달한다.
- 오감이 민감해지는 시기(18개월부터 5세)
- 사회적 행동에 민감한 시기(2세 반부터 6세)

> 맞서 싸울수 있을만큼 강해지기 전에, 모든 인간은 약했습니다.
>
> 마리아 몬테소리

- 작은 사물에 민감한 시기(태어난 지 2년째 되는 해에 짧은 시간 동안)

아이들이 이 시기를 잘 보내기 위해 아래와 같은 쾌적한 환경을 제공하는 것이 중요합니다.

- 안전한 공간
- 평화로운 공간
- 관찰할 수 있는 기회가 많은 공간
- 각각의 시기에 필요한 조건을 충족시켜주는 공간
- 질서 있는 공간
- 아이의 자유로운 행동을 존중해 주는 공간

자유와 규율

몬테소리 교육이 아이들이 원하는 것을 다 할 수 있도록 맞춰주는 교육 방법이라는 얘기를 종종 듣습니다. 그러나 이는 몬테소리 교육을 너무 단순하게 받아들인 잘못된 발언입니다. 몬테소리 교육은 규율에 기초합니다. 마리아 몬테소리에 의하면 규율과 자유는 서로 몹시 다르지만 또 한편으로 서로를 보완해 줍니다. 만약에 한 부분이 사라지면 다른 한 부분도 가치를 잃는 것입니다. 그러므로 규율과 자유는 떼려야 뗄 수 없는 개념입니다. 아이는 자신의 능력과 나이에 걸맞은 자유가 필요하며 규율 속에서 안전한 환경이 필요합니다. 몬테소리 수업 중 실제 규칙을 예로 들어봅시다.

> 인간은 자기 자신에게 속하며,
> 자기 자신의 의지를 가지고
> 구현되어야 합니다.
>
> 마리아 몬테소리

- 아이는 자신이 원하는 교구를 찾으러 갈 수 있고 원하는 만큼 사용할 수 있다. 그러나 수업이 끝나거나 다 사용하였을 경우 제자리에 정리해야 한다.
- 아이가 놀이를 하든 안 하든 상관없다. 그러나 다른 아이들을 방해해서는 안 된다.
- 아이는 자신이 원할 때 마시거나 먹을 수 있다. 그러나 정해진 양만 먹어야 한다.
- 아이는 자신이 원할 때 말할 수 있는 자유가 있다. 그만큼 다른 친구들이 하는 말에도 귀 기울이고 서로 배려하는 법도 배워야 한다.

정리의 중요성

정리는 2세에서 4세 사이의 아이들에게 중요한 개념입니다. 아이에게 모든 장난감이 제자리에 위치해 있는 환경을 조성해 주는 것은 매우 중요합니다. 이런 환경에서 아이들의 자율성이 자라나기 때문입니다. 모든 장난감을 한꺼번에 정리할 수 있는 큰 박스는 피하는 것이 좋습니다. 겉으로 보기엔 장난감들이 정리된 것 같이 보이지만 실제로는 모든 장난감들이 뒤섞여 있을 뿐입니다. 이렇게 장난감들이 뒤죽박죽이 되어 있으면 아이들은 놀이를 하고 싶은 마음이 사라집니다.
어른들은 아이들에게 있어 모범이 되어야 합니다. 예를 들어 부모가 장을 보고 난 뒤 물건과 겉옷을 정리하거나

혹은 접시, 컵, 수저들을 종류별로 정리하는 것을 가르쳐 주어야 합니다. 아이들이 커 갈수록 스스로 정리를 할 수 있게 도와줘야 합니다. 만약 당신이 아이에게 특정 물건을 어디에 어떻게 정리하는지 가르쳐 주면 아이는 혼자서도 배운 것을 실천하는 습관을 가질 것입니다. 물론 처음에는 부모의 도움이 필요할 수 있습니다. 아이가 원하는 장난감을 선택하고 충분히 가지고 논 뒤에 제자리에 정리하도록 꾸준히 가르쳐 줘야 합니다. 몬테소리 놀이는 보통 손잡이가 달린 큰 바구니나 받침대에 정돈 되어 있습니다. 장난감의 사진을 정리함에 붙여 두면 아이 스스로 정리하는 데 도움이 됩니다.

> 두려움은 아이의 본성으로
> 항상 고려해야 할 부분이다.
> 마리아 몬테소리

스스로 할 수 있도록

위의 문장은 마리아 몬테소리의 교육 철학을 완벽히 반영합니다. 매일 아이들을 관찰하고 발전하며 자라나는 과정을 함께해 줘야 합니다. 아이가 혼자만의 힘으로 무엇이든 할 수 있다는 가능성을 항상 열어 두어야 합니다. 아이들은 나이가 같다고 하더라도 발전의 정도가 다릅니다. 친구 사이이거나 형제라도 아이들을 비교하는 것은 피해야 합니다. 그리고 아이가 당신의 보호 아래에서 놀이를 하도록 하며 그 전에 미리 시범을 보여주도록 합니다. 안전하고 활동에 적합한 장소에서 놀이합니다. 아이들을 믿는 것이 가장 어려우면서도 가장 중요한 일입니다.

> 몬테소리, 다 좋아요
> 왜냐하면 제가 선택했거든요!
> 앙젤 4살

자율성을 키우는 데 중요한 것

- 발판 위에 올라가 스스로 손을 씻는 것
- 받침대 잡는 법 가르쳐 주기
- 스스로 물을 따라 마실 수 있도록 아이의 손이 닿는 거리에 물병과 컵을 마련해 놓기
- 보호자가 지켜보는 가운데, 케이크를 자르거나 과일 샐러드 준비하기
- 요리해 보기
- 본인이 저지른 실수는 스스로 뒤처리하기
- 스스로 옷 입고 벗기. 아이의 손이 닿는 곳에 신발, 옷, 양말 등을 놓고 외투를 스스로 걸 수 있도록 옷걸이 길이 맞춰 주기
  - 쾌적한 환경을 만들기 위해 꽃다발 준비하기
  - 테이블을 꾸밀 수 있는 꽃이나 양초, 식탁보를 주고 아이에게 테이블을 꾸미도록 하기

놀이 중 어른의 역할

> 아이 스스로 삶에 나아갈 수 있게
> 도와주지 않는 교육은 효과적일 수 없습니다.
> 마리아 몬테소리

어른들은 아이들을 관찰하다가 정말 필요할 순간에만 개입하는 것이 좋습니다. 교구에 대한 설명은 가능한 아이들마다 개별적으로 해 주는 것이 좋습니다. 어른들은 아이들이 놀이하는 데 함께하지만 너무 자주 끼어들지 않도록 해야 합니다. 주로 아이들을 지켜보도록 하고 충고나 명령은 피하도록 합니다. 어른들은 최대한 아이들의 주의력, 집중력을 향상시키도록 하고 자율성을 기를 수 있도록 도와주는 역할에 머물러야 합니다.

어른들은 아이들의 본보기가 됩니다. 어른들이 항상 완벽할 수는 없습니다. 자신의 약점이나 실수를 보이더라도 아이들은 어른들을 따릅니다. 또한, 어른이 아이보다 우위에 있는 것이 아님을 항상 기억하고 아이들을 존중해 주어야 합니다.

어른들은 아이들을 대할 때, 항상 조심스럽고 신중하게 행동해야 합니다. 아이들의 나이, 발달 정도에 따라 아이들의 학습 능력을 발달시키는 데 함께해야 합니다. 아이가 놀이를 하고 있을 때 끼어들어 자신의 의견을 말하거나 칭찬 혹은 잘못된 것을 고쳐주는 행동은 하지 않는 게 좋습니다. 아이들은 스스로 놀이를 하고 스스로 배우며 자신이 할 수 있는 것을 하며 자라납니다.

놀이 설명하는 법

아이가 자신감을 가지고 안전하게 놀이할 수 있도록 행동 하나 하나를 제대로 알려 주어야 합니다. 놀이 전 되도록 모든 순서를 꼼꼼히 가르쳐 줍니다. 손을 씻고, 물을 컵에 따르고, 옷을 입고, 정리하고, 쟁반을 드는 것 등은 매일하는 행동들이지만 배움 없이 스스로 타고난 것은 아닙니다.

- 아이와 보호자에게 편한 장소와 시간을 정하고 평화롭고 조용한 분위기에서 놀이를 시작합니다.
- 카펫이나 아이의 키에 걸맞은 테이블에 앉는 것이 좋습니다.
- 장황한 설명 보다는 천천히 행동으로 보여 줍니다. 안전 규범도 잊지 말고 설명합니다.
- 아이가 교구 사용법을 이해한 경우, 원하는 만큼 놀이를 할 수 있도록 내버려 둡니다.
- 아이가 원할 때만 개입합니다.

아이를 지켜보다 보면 매순간 즐거운 일이 계속 생길 것입니다.

- 아이가 물이나 흙을 쏟을 수 있으니 스펀지, 빗자루, 행주 등을 준비하고 보호자의 도움 없이 아이 스스로 뒤처리를 할 수 있도록 합니다.
- 모든 놀이가 끝나면 아이 스스로 교구를 정리해야 합니다. 다시 하고 싶으면 언제든지 다시 가져와 놀이를 시작할 수 있습니다.

아이에게 미리 시범을 보일 때, 어른들은 교구를 능숙하게 잘 다루어야 하며 쓸데없는 행동이나 말을 하는 것을 조심해야 합니다. 이것은 매우 중요합니다. 아이가 규칙을 이해하는 데 방해가 될 수 있기 때문입니다. 이를 위해 미리 다른 사람과 연습해 보는 것이 좋습니다.

> 아이가 스스로 할 수 있다고
> 생각하는 일은 절대로
> 도와주지 마십시오.
> 마리아 몬테소리

몬테소리 놀이 공간 만들기

첫 번째로 고려해야 하는 것은,

- 누구를 위한 교구인가? 아이들은 모두 몇 명인가? 아이들의 나이는 서로 같은가?
- 교구를 쉽게 찾고 사용하기 위해 어디에 정리해야 하나?
- 어떤 교구를 만들고 설치할 것인가?

만약 아이가 11개월에서 18개월 정도의 어린아이라면, 보호자가 옆에서 지켜보고 있다고 하더라도 안전하고 아이 마음대로 사용할 수 있는 교구를 준비해야 합니다. 원하는 장소에 카펫을 깔아 그 위에서 놀이를 하도록 하고 마무리할 때 정리합니다. 손잡이가 있는 상자에 장난감을 정리합니다. 처음부터 너무 많은 종류의 놀이를 할 필요는 없습니다. 처음에는 아이에게 세 가지 정도의 놀이를 선택하도록 합니다. 예를 들어 뚜껑 분류, 단추 분류, 가방 분류 놀이들이 있습니다. 아이가 2세 정도 된다면 다른 종류의 놀이를 합니다. 아이들의 관심사를 고려하여 아이들의 감각, 민첩함 그리고 자율성이 발달할 수 있는 놀이를 선택하도록 합니다.

몬테소리 놀이를 위해 마련한 공간에 아이들이 사용할 수 있도록 낮고 튼튼한 서랍장을 마련하도록 합니다. 집에서든 학교에서든 놀이 공간은 어른이나 아이에게나 흥미로워야 합니다. 계단 아래나 집 안 입구에 놀이 재료를 정리할 수 있는 공간을 마련하는 것도 좋은 생각입니다.

만약 아이가 교구를 자유롭게 사용하는 것을 원하지 않을 경우(여러 나이대의 아이들을 함께 돌보는 아이돌보미의 경우) 서랍장을 사용할 것을 권합니다. 커튼을 이용하여 아이들이 커튼이 열려 있을 때 놀이를 하고 커튼이 닫혀 있으면 놀이를 하지 않도록 미리 알려 줍니다.

종종 유치원에서 6개에서 8개의 서랍이 있는 가구를 봅니다. 각각의 서랍에는 각 놀이별로 교구가 정리되어 있습니다. 서랍 앞에 관련 놀이 사진을 붙여 아이들이 스스로 놀이를 선택할 수 있도록 합니다. 아이는 한 서랍을 가지고 책상이나 카펫 위 등 자신의 자리로 가서 놀이를 하고, 놀이가 끝나면 교구를 정리해 서랍을 제자리에 꽂아 놓습니다.

아이가 언제 서랍을 사용할 수 있는지는 어른들이 선택해야 합니다. 아이가 학교에 막 도착했을 때나 학교 숙제를 끝마쳤을 때 또는 다른 아이들이 낮잠을 잘 때 등이 있습니다.

교구는 어떤 아이가 사용하는지에

따라 다르게 쓰입니다. 어떤 아이들은 같은 놀이를 오랫동안 하는 경우가 있는 반면 어떤 아이들은 한 가지 놀이를 오래하지 못하고 놀이를 자주 바꿉니다. 몬테소리 놀이 교구를 사용하는 데 있어 지켜야 할 규율이 따로 있는 것은 아닙니다. 각각의 아이들이 서로 다르고 각자의 리듬에 따라 발전합니다. 무엇보다도 놀이는 아이들에게 있어 즐거움이어야 합니다.

몬테소리 교구 상자 만들기

상자는 교구들을 정리하는 데 편리하며 이동할 때도 편리합니다. 집에 교구들을 정리할 장소가 없다면 상자를 사용하는 것을 추천합니다. 교구 상자 준비는 교류, 나눔, 성숙, 반성하는 힘을 기를 수 있는 첫 단계로 몹시 중요합니다.

교구 상자를 준비하기 위해서는,

- 몬테소리 교육에 관심이 있으며 목적을 잘 아는 사람 그리고 몬테소리 교육의 철학을 아는 사람, 몬테소리 교육을 배우고 싶은 사람들과 함께합니다.
- 가능하면 뚜껑이 있는 상자를 준비합니다. 이동을 편리하게 할 수 있도록 작은 바퀴가 달린 상자나 여행용 가방도 좋습니다.
- 모두 함께 상자 안에 어떤 교구들을 넣을지 정합니다.
- 각자 최대한 많은 박스, 그릇, 물병, 티슈, 쟁반 등 교구를 만드는 데 필요한 재료들을 준비합니다.
- 교구 상자에 마리아 몬테소리의

책이나 몬테소리 관련 책을 담을 수도 있습니다.

교구를 준비하기 위해서는 반나절이 걸릴 수도 있고 며칠이 걸릴 수도 있습니다. 바느질이나 목공 등 사람들의 다양한 재능을 필요로 하는 시간입니다. 교구 상자가 준비되었다면 몬테소리 놀이를 아이들에게 어떻게 설명할 것인지 함께 고민해 보아야 합니다. 어떤 놀이인지 놀이의 규칙은 무엇인지 정리는 어떻게 해야 하는지 사진을 곁들이면 더욱 효과적입니다. 망가진 교구들은 반드시 고쳐야 하며 가능한 모든 사람이 교구 상자에서 자신들에게 필요한 준비물을 찾을 수 있도록 상자를 채워 줍니다.

마지막으로 교구 상자를 모두가 평등하게 사용할 수 있도록 규칙을 정해야 합니다. 보통 한 사람당 2주에서 3주 동안 사용하는 것이 좋습니다. 교구 상자를 충분히 사용하고 난 뒤 다른 사람들과 종합적으로 검토하는 시간을 가져 교구 상자가 한층 더 효율적일 수 있도록 필요한 경우 내용물을 바꾸도록 합니다.

1장. 몬테소리 놀이 준비

이번 장에서 소개될 놀이들은 몬테소리 교육을 시작하기 위한 적절한 분위기를 조성해 주고 아이가 쾌적하고 잘 정리된 공간에서 놀이를 할 수 있도록 도와줍니다. 아이들의 자율성과 집중력을 높여 주고 쟁반 또는 받침대를 드는 연습을 하며 팔과 손가락 그리고 손목 근육이 발달할 수 있도록 도와줍니다.

아이들은 3세에 이미
기본적인 인격이 형성되어 있다.

마리아 몬테소리

나만의 작은 공간

몬테소리 교육에서 카펫은 학교 또는 집에서
아이들이 마음껏 놀이할 수 있는 공간을 만들어
줍니다. 방이 어지러워지는 것을 최소화하며
아이들이 자기만의 공간을 가질 수 있게 해 줍니다.

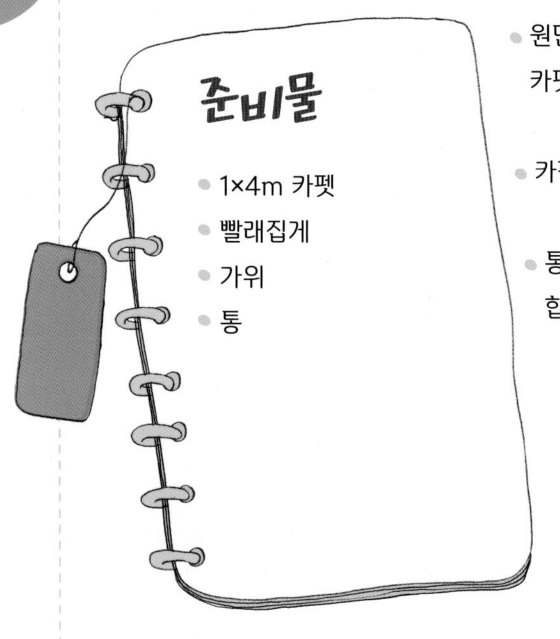

- 원단 전문점에 가서 1×4m 크기의 카펫을 구입합니다. 카펫을 1×1m의 카펫 4개가 되도록 잘라 줍니다.
- 카펫 4개를 돌돌 말아 풀리지 않도록 빨래집게로 고정시켜 줍니다.
- 통에 돌돌 말려진 카펫을 담아 아이들이 자유롭게 사용할 수 있도록 합니다.

《 책상 보다 카펫에서 노는 게 더 좋아요. 나만의 공간을 가질 수 있기 때문이죠. 가끔 친구들을 초대하기도 해요. 》

코렌틴 7세

몬테소리 교육에서 카펫은 어떻게 쓰일까?

카펫은 아이들이 선택한 놀이 도구들을 놓는 데 사용됩니다. 놀이를 할 동안 아이들은 카펫 위가 아니라 주변에 앉아야 하며 카펫을 말고 펴는 방법 그리고 정리하는 법을 배웁니다. 집에서 놀이를 할 경우 담요나 집에 있는 작은 천을 사용해도 좋습니다.

여러 명의 아이들이 함께 놀이할 때 카펫은 더욱 유용하게 쓰입니다. 바로 아이들이 자기만의 놀이 공간을 가지면서 다른 친구들의 공간을 함부로 침범하지 않고 노는 방법을 배울 수 있기 때문입니다. 카펫 사용은 상대방을 존중하는 법을 배우고 아이들이 오롯이 자신의 놀이에 집중할 수 있도록 도와줍니다.

학교에서 아이들과 몬테소리 놀이를 할 때 카펫을 자주 사용합니다. 카펫은 아이들에게 있어 집과 같습니다. 아이들은 자기만의 공간에서 방해 받지 않고 혼자 놀거나 다른 친구들을 자신의 카펫으로 초대할 수도 있습니다.

쟁반 옮기기

균형 감각을 키우고 팔과 손의 힘을 기르는 데 효과적입니다. 아이 스스로 쟁반 위에 올려진 물건들을 옮기고 정리하면서 자신감이 생깁니다.

준비물

- 쟁반
- 유리나 플라스틱으로 된 컵
- 끈
- 접착테이프

- 아이에게 쟁반 드는 법을 보여 줍니다. 아이가 실내나 실외에서 혼자 쟁반을 드는 연습을 충분히 할 수 있도록 합니다.
- 아이가 스스로 쟁반을 들고 이동하는 것에 적응했다면 쟁반 위에 그릇이나 컵 등 물건을 하나씩 올려 줍니다. 그리고 쟁반을 들고 한쪽 끝에서 반대쪽 끝으로 가는 것을 반복하여 연습시킵니다.
- 바닥에 끈을 접착테이프로 고정시킵니다. 아이가 쟁반을 들고서 끈 위를 밟고 지나가도록 합니다.
- 아이가 자신감 있게 놀이를 할 경우 눈을 가리고 해 봅니다.

tip

빈 통이나 물 또는 모래를 가득 담은 그릇을 이용하여 다양하게 놀이해 봅니다. 학교에서 놀이를 할 경우, 끈을 바닥에 붙일 필요 없이 긴 복도를 오가며 간단하게 놀이할 수 있습니다.

어떻게 쟁반을 구하는가?

몬테소리 놀이에서 쟁반은 자주 쓰이는 도구 중 하나입니다. 굳이 비싼 우드 트레이를 사용할 필요는 없으며 시장이나 마트에서 저렴한 쟁반을 구입하면 됩니다. 만약에 목공일을 좋아한다면 직접 만드는 것도 좋습니다. 모양은 직사각형이 되도록 하고 굵기는 얇게 하며 가장자리가 튀어나와 아이가 잡기 쉽게 만듭니다. 만약 무거운 물건을 사용하지 않는 경우 신발박스 뚜껑을 쟁반 대신 활용할 수도 있습니다.

《 내가 가장 좋아하는 놀이는 쟁반을 들고
바닥에 붙여진 줄을 따라 걷는 거예요.
마지막에는 눈을 가리고 하는데 발에
줄이 닿는 것이 느껴져요. 》

알렉산드르 6세

스스로 물 마시기

몬테소리 교육을 받고 난 뒤 가장 먼저 하면 좋은
놀이입니다. 어른들이 줄 때가 아니라
아이가 원할 때 스스로 물을 따라 마시는 것을
배울 수 있습니다. 이렇게 했을 때, 아이들은 평소보다
더 자주 물을 마셨습니다.

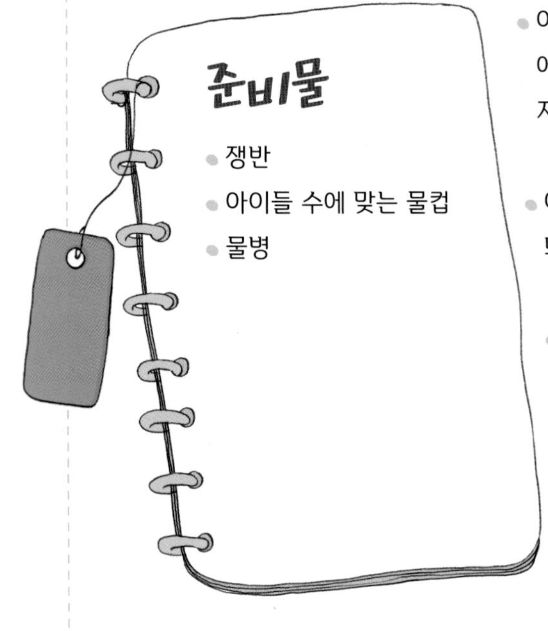

- 아이들이 물을 쏟지 않도록 우선 어떻게 물을 따르는지 보여 줍니다. 컵에 테이프를 붙여 그 높이에 맞추어 물 따르는 연습을 합니다.(72페이지 '물 따르기' 참고)

- 아이들이 원할 때마다 물을 마실 수 있도록 아이들 손에 닿고 눈에 잘 띄는 곳에 쟁반에 물병과 컵을 정리해 둡니다.

- 어린아이들은 물을 따르기 쉽게 물병 입구에 홈이 있는 물병이나 잔을 사용하는 것이 좋습니다.

쏟은 물 닦아 내기

아이들이 자신이 저지른 실수를 스스로 처리할 수 있도록 뒤처리에 필요한 여러 도구들을 준비해 줍니다. 이 과정을 통해 아이들은 자신감을 얻습니다. 어른이든 아이든 살아가면서 누구나 실수를 할 수도 있다는 것과 실수를 스스로 바로잡을 수도 있다는 것을 배울 수 있습니다.

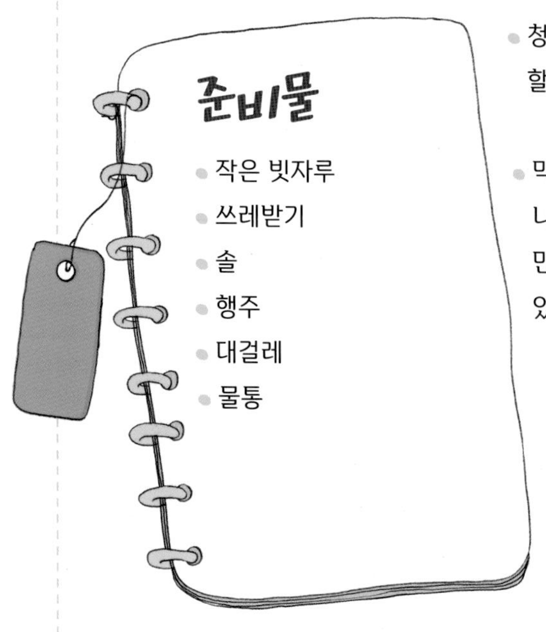

준비물

- 작은 빗자루
- 쓰레받기
- 솔
- 행주
- 대걸레
- 물통

- 청소 도구들은 아이들의 손이 닿을 수 있는 곳에 두고, 아이들이 기억할 수 있도록 항상 같은 장소에 보관합니다.

- 막 바닥 청소를 끝냈을 때, 아이가 우유를 쏟아도 당황하지 말아야 합니다. 아이가 행주로 우유를 닦아낼 수 있도록 기다려 줍니다. 몇 번만 연습하면 아이는 같은 실수를 또 했을 때 뒤처리를 더 잘 해낼 수 있을 것입니다.

《 고양이 물을 쏟아서
키친타월로 바닥을 닦았어요.
스스로 치울 수 있어서
말하지 않았어요. 》
앙투안 6세

선 따라 걷기

이 놀이는 집중력과 주의력 향상에 도움이 될 뿐만 아니라 아이가 자신의 몸을 제어하고 균형 감각을 기를 수 있게 해 주어 아이의 자신감 향상에 도움이 됩니다. 참고로 마리아 몬테소리는 몸과 정신의 상호관계를 중요하게 생각했습니다.

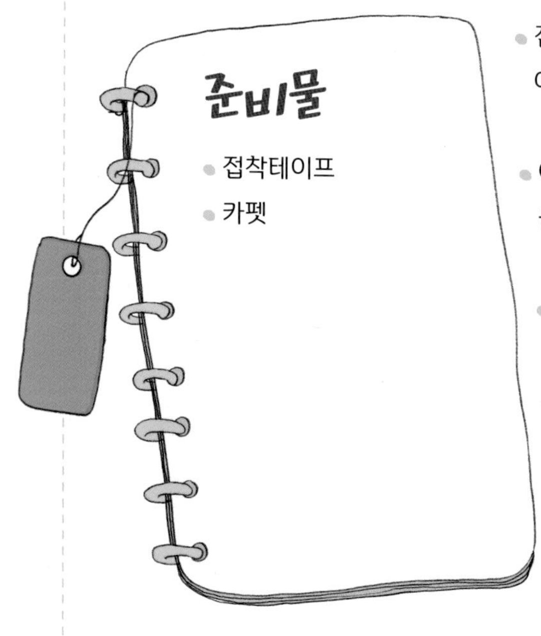

준비물

- 접착테이프
- 카펫

- 접착테이프를 사용하여 카펫 위에 원하는 크기로 동그란 모양을 만들어 줍니다.
- 아이가 충분한 자리를 확보할 수 있도록 적어도 지름이 2m 이상인 원을 만들어 줍니다.
- 접착테이프로 만든 동그라미를 따라 걸으며 놀이합니다.

이렇게 활용해 보아요!

접착테이프로 만든 동그라미 모양을 따라 다양한 방법으로 걸으며 놀이합니다. 천천히 또는 빠르게, 작은 걸음으로 또는 큰 걸음으로 걷도록 합니다. 거북이나 토끼, 개구리의 걸음걸이를 따라하며 걷는 것도 재미있습니다.

양손에 쟁반이나 플라스틱 컵을 들고 걸어 봅니다. 빈 컵으로 걸어 보고 그 다음에는 물을 채운 컵을 들고 걸어 봅니다. 동그라미를 따라 걸으며 코, 등, 무릎 등을 손으로 가리키도록 해 봅니다.

아이들과 동그라미 주위에 모여 앉아 함께 어울리며 이야기를 나누는 것도 좋습니다.

서로 배려하기

**한 그룹은 작은 사회와도 같습니다.
서로 배려하는 것은 조화로운 단체 생활을 위한 첫걸음입니다.**

친구를 존중하는 법 배우기

친구를 존중하는 것은 아이의 사고방식에 큰 영향을 줍니다. 아래의 활동들이 아이가 상대방을 배려하는 사고방식과 행동을 배우는 데 도움을 줄 것입니다.

- 아이가 스스로를 존중할 수 있도록 합니다.
- 아이가 자신의 존재를 스스로 깨달을 수 있도록 합니다.
- 다른 친구의 공간을 존중하도록 가르칩니다.
- 아이가 독립적으로 자유롭게 행동할 수 있도록 그에 적합한 안전한 환경을 만들어 줍니다.

어른들이 평소에 다른 사람을 존중하는 모습을 보여 주며 본보기가 되도록 합니다. 아이는 어른을 보며 자랍니다.

- 안녕하세요, 감사합니다, 다음에 봐요 등 인사를 잘 하도록 합니다.
- 사람들에게 웃음 짓고, 서로 나누고 돕는 친절한 행동을 합니다.
- 아이들이 예의 바른 말과 행동을 하기를 기대하기 전에 어른들이 먼저 서로를 배려하는 모습을 보여 주도록 합니다. 그리고 아이를 존중해 주는 것도 중요합니다. 사실 어른들은 아이들에게 고맙다고 말하는 일이 드물며 그게 자연스럽다고 느낍니다. 그러나 상대가 어른이든 아이든 존중해 주어야 합니다.
- 처음에는 위의 행동들을 실천하는 게 어려울 수 있으나 시간이 지날수록 목소리도 부드러워지고 자연스러워질 것입니다. 이는 아이들이 예의 바르게 행동하는 데 큰 도움이 됩니다. 예를 들어, “물병 가져 와”, “연필 주워”가 아니라 “물병 좀 갖다 줄 수 있니?”, “연필 주워 주겠니?” 라고 말하며 아이가 부탁을 들어줄 때마다 고맙다고 말하는 것도 중요합니다.

간식 시간

아침에 간단한 식사나 오후에 간식 시간을 아이들과 함께 준비하는 것이 좋습니다. 아이들의 능력과 관심에 따라 서로 다른 역할을 맡깁니다. 한 아이는 간식 시간에 과일을 깎고, 다른 아이는 아이들 수에 맞게 케이크를 나눕니다. 각자 할 일을 하고 모든 아이들이 테이블에 앉으면, 한 아이가 간식거리를 들고 테이블을 돌며 간식을 나눠 줍니다. 그리고 나머지 친구들은 뒷정리를 책임집니다. 모두들 각자의 역할을 좋아합니다. 마지막으로 모두들 감사 인사를 나누며 서로의 역할을 칭찬합니다.

자유로운 미술 놀이

아이들은 그림 그리는 것을 매우 좋아합니다.
붓을 사용할 수도 있지만 손가락으로도 그릴 수
있습니다. 아이들이 원하는 방식으로
자유롭게 그림을 그리게 하면 아이들의 상상력과
창의력이 발달하는 데 큰 도움이 됩니다.

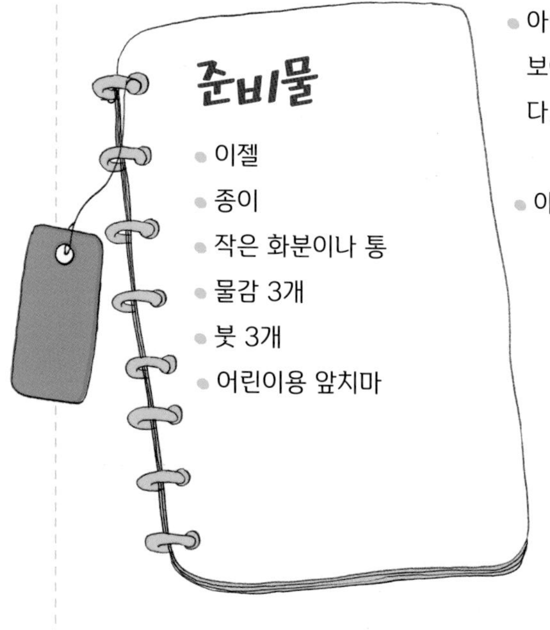

준비물

- 이젤
- 종이
- 작은 화분이나 통
- 물감 3개
- 붓 3개
- 어린이용 앞치마

- 아이들에게 미술 도구를 어떻게 사용하는지 보여 줍니다. 물감 3개를 보여 주며 아이가 붓을 각각의 색에 따라 달리 사용할 수 있도록 합니다.

- 아이가 익숙해지면, 점점 여러 색의 물감을 사용하여 놀이합니다.

《 점들로 가득 찬 그림들을 보았어요. 》
루이즈 4세
오르세 미술관을 다녀온 뒤

이렇게 활용해 보아요!

처음에는 아이에게 미술적 영감을 주거나 다양한 색감을 보여 주기 위해 포스터나 엽서, 유명한 화가의 작품이 실려 있는 그림책 등을 보여 줍니다. 개인적으로 바실리 칸딘스키나 로베르 들로네의 작품을 추천합니다.

미술 시간이 끝나면 아이들의 작품을 미술관처럼 잘 보이는 곳에 전시해 둡니다. 보통 아이들은 자신의 그림이 전시되는 것을 뿌듯해하며 좋아합니다.

아이가 아무리 어려도 미술관에 가는 것을 주저하지 말아야 합니다. 아이들도 어른들처럼 미술 작품을 감상할 수 있습니다. 물론 어른들과 같은 수준은 아니지만 시간이 지날수록 작품을 감상하는 법을 터득할 것이며 이는 아이의 감수성과 창의력을 발달시키는 데 큰 도움이 됩니다. 미술관에 들리기 전에 각 미술관 홈페이지에서 어떤 전시를 하는지 미리 정보를 알아보면 아이와 관람하는 데 도움이 됩니다. 마지막 주 수요일은 '문화가 있는 날'로 국공립 박물관, 미술관, 고궁 등을 무료로 관람할 수 있습니다.

2장. 생활 속 몬테소리 놀이

이번 장에서는 아이의 자율성을 길러주기 위해 일상생활에서 이루어지는 활동들을 연습할 것입니다. 집에서도 쉽게 따라할 수 있으니 실천해 봅시다. 생활 속의 다양한 활동들이 아이들에게는 모두 즐거운 놀이가 됩니다.

아이는 제작자와도 같다.
모든 사람이 어린 시절을 거쳐 어른이 된다.

마리아 몬테소리

잠그고 열기

아이들은 단추를 채우고 푸는 것을 어려워합니다.
이 놀이는 지퍼, 단추, 찍찍이 등 다양한 잠금 방법을
놀이를 통해 익힐 수 있게 합니다.

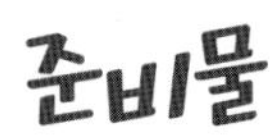

준비물

- 30×40cm의 나무로 된 틀 4개
- 아이들 셔츠
- 지퍼나 찍찍이가 달린 옷
- 운동화 끈이나 다양한 색깔의 리본
- 못 16개

- 각각 열고 잠그는 방법이 다른 틀을 4개 만들 겁니다. 단추, 지퍼 또는 찍찍이 등 다양하게 준비합니다.
- 셔츠를 틀에 맞게 잘 맞춘 뒤, 소매는 뒤쪽으로 접거나 잘라내고 움직이지 않도록 못으로 고정시킵니다.
- 다른 옷도 같은 과정으로 틀에 고정시켜 줍니다.
- 운동화 끈이나 리본을 바느질로 옷에 고정시켜 묶고 풀 수 있도록 만들어 줍니다.
- 아이가 모든 과정을 이해할 수 있도록 충분한 시간 동안 열고 잠그는 모습을 되풀이해서 보여 줍니다. 아이가 보고 따라할 수 있도록 해야 하는데, 아이들은 특히 끈을 묶고 푸는 것을 어려워합니다. 끈을 묶고 푸는 모습을 천천히 그리고 정확한 움직임으로 반복해서 보여 주고 설명해 주어 아이가 따라할 수 있도록 합니다.

tip

끈이 달린 운동화나 찍찍이가 달린 운동화를 활용하여 놀이를 할 수도 있습니다.

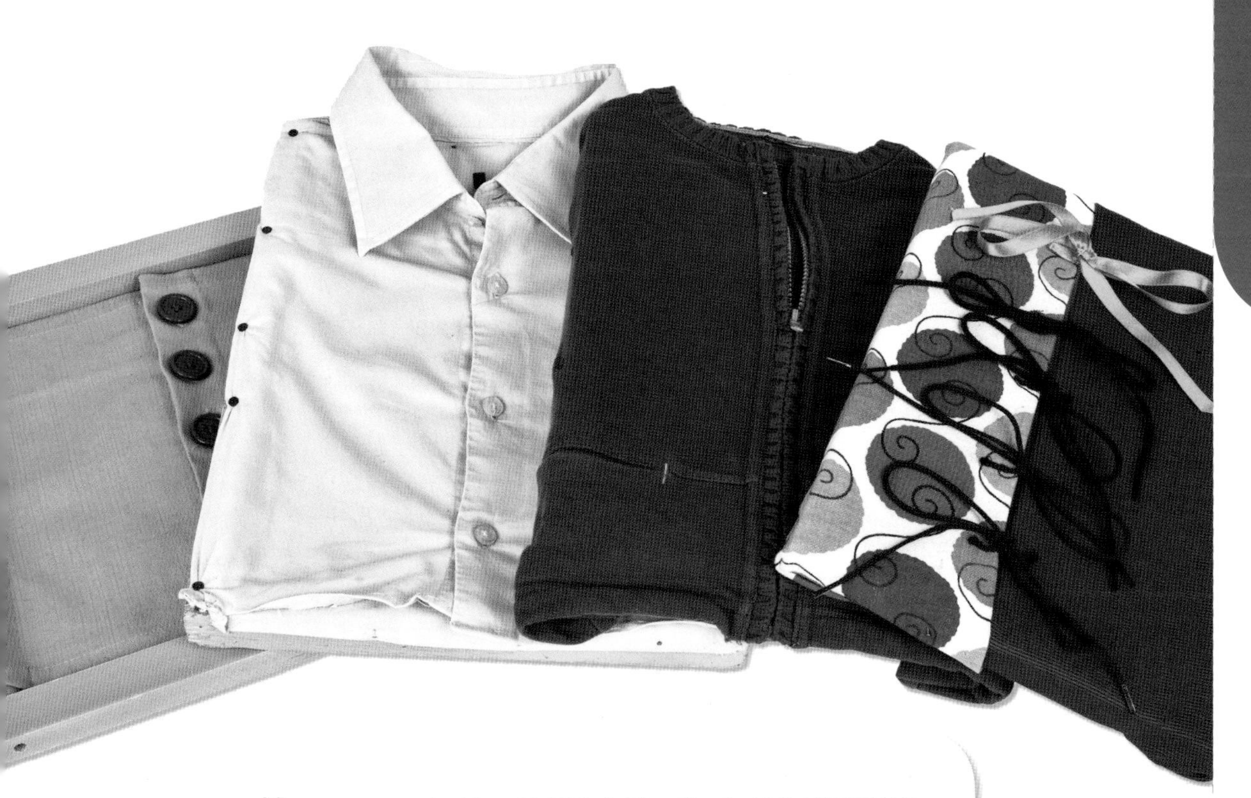

《 30×40cm 나무틀로 두 종류의 열고 잠그는 틀을 만들었어요.
하나는 단추로 된 것 다른 하나는 운동화 끈으로 된 것이죠.
현재 지퍼로 된 세 번째 틀을 만들고 있어요.
나무틀을 사용하면 언제든지 옷을 틀에서 분리시켜
세탁할 수도 있어요. 》

코린 아이돌보미

식탁 차리기

어린아이들은 어른들을 따라하며 재미를 느낍니다.
이 놀이를 통해 어떻게 수저를 사용하는지
자연스럽게 배울 수 있습니다.

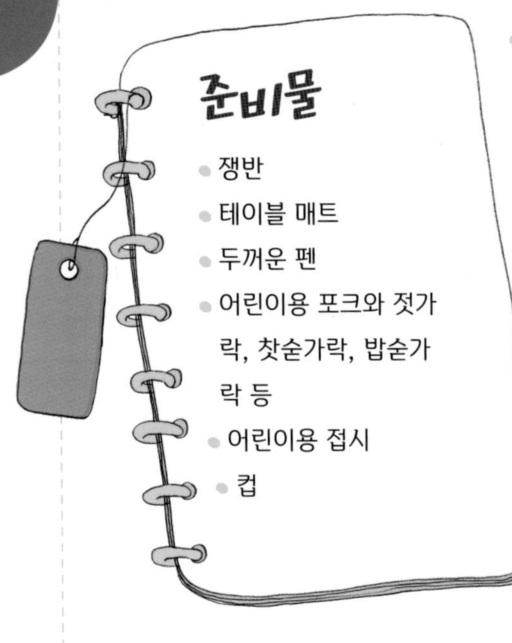

준비물

- 쟁반
- 테이블 매트
- 두꺼운 펜
- 어린이용 포크와 젓가락, 찻숟가락, 밥숟가락 등
- 어린이용 접시
- 컵

- 플라스틱으로 된 도구는 평소에 쓰는 수저나 그릇과 무게가 다르기 때문에 되도록 피하도록 합니다. 평소에 아이가 쓰는 그릇과 컵을 준비하는 것이 좋습니다.

- 아이가 수저나 그릇의 자리를 쉽게 알 수 있도록 두꺼운 펜으로 수저와 그릇의 가장자리를 따라 선을 그려 줍니다.

- 물건들을 하나씩 가리키며 이름을 가르쳐 줍니다.

- 쟁반 위 사물들의 위치를 알려 줍니다. 그리고 아이가 스스로 물건들을 정해진 자리에 놓는 연습을 하도록 합니다. 모든 놀이와 마찬가지로 아이를 계속해서 지켜봐야 합니다.

- 놀이가 끝나면 아이 스스로 쟁반을 치우도록 합니다.

- 아이의 나이에 적합한 도구를 사용하도록 하고 물건의 수도 나이에 따라 늘리거나 줄여 줍니다.

《 집에서 엄마가
하는 것이랑 같아요. 》
로즈 3세

수건 접기

아이에게 집에서 사용하는 수건들을 어떻게 접는지 가르쳐 줍니다. 아이는 부모님이 하는 집안일을 똑같이 흉내 내며 즐거워합니다.

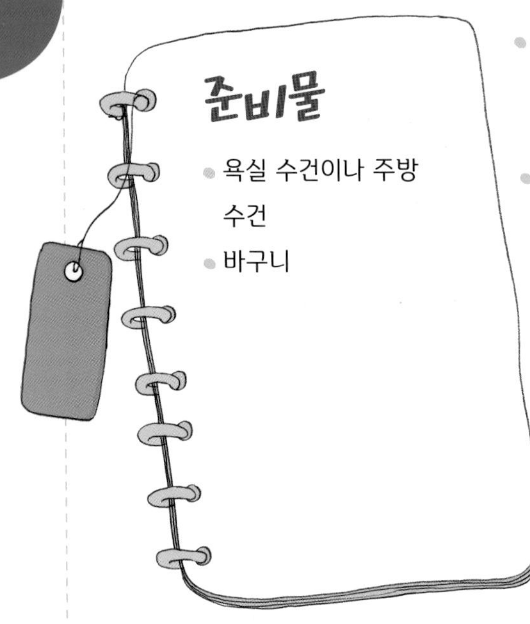

준비물

- 욕실 수건이나 주방 수건
- 바구니

- 아이에게 수건의 끝과 끝을 맞닿게 하여 접는 모습을 보여 줍니다. 수건은 두 번 접도록 합니다.
- 다른 수건도 똑같이 접도록 시켜 봅니다.
- 모든 수건을 접고 나면 아이가 수건을 제자리에 정리하도록 합니다.

tip

아이가 수건을 잘 접을 수 있도록 펜으로 선을 긋거나 맞닿는 부분을 같은 색으로 표시해 두면 좋습니다.

양말 정리

이 활동은 재미있는 방법으로
짝을 찾는 연습을 할 수 있습니다.

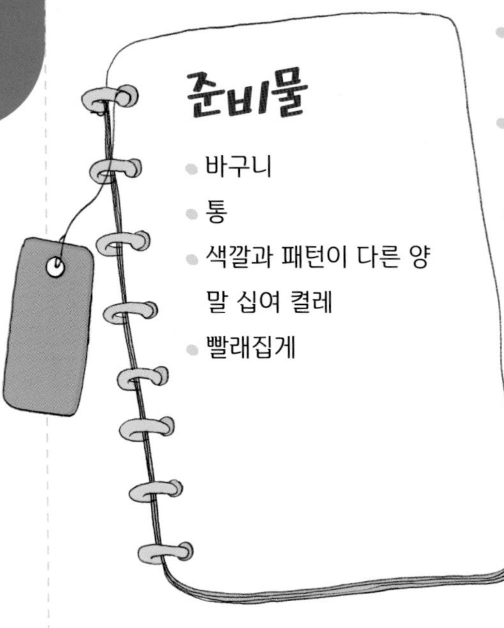

준비물

- 바구니
- 통
- 색깔과 패턴이 다른 양말 십여 켤레
- 빨래집게

- 양말들을 바구니에 담고 빨래집게는 통에 담아 줍니다.
- 아이에게 양말의 짝을 맞춰 보라고 합니다.
- 짝을 찾았다면 빨래집게로 고정시켜 줍니다.
- 아이가 모든 양말의 짝을 찾았다면 스스로 정리할 수 있도록 합니다.

양말 구하기

새로운 양말을 사기보다는 아이에게 익숙한 가족들의 양말을 이용하면, 크기도 다양한 양말로 더 재미있게 놀이할 수 있습니다. 장난감 귀걸이처럼 짝을 맞출 수 있는 것으로도 놀이할 수 있습니다.

병뚜껑 찾기 놀이

빠르고 쉽게 도구를 준비할 수 있는 놀이입니다. 여러 종류의 병과 병뚜껑을 사용하여 아이들이 재미있는 방법으로 지름의 개념을 이해할 수 있도록 도와줍니다.

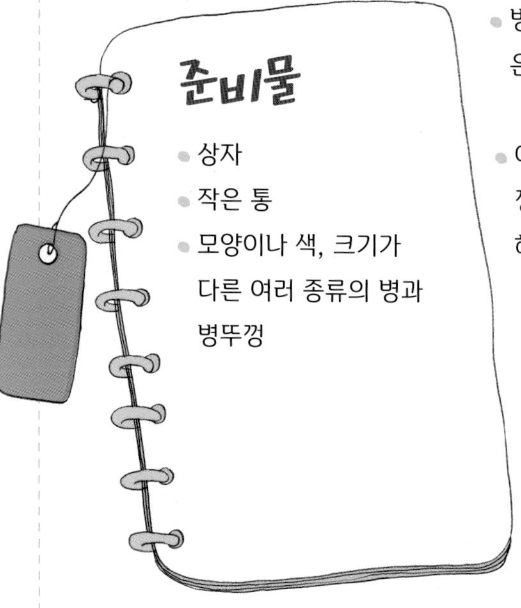

준비물

- 상자
- 작은 통
- 모양이나 색, 크기가 다른 여러 종류의 병과 병뚜껑

- 병뚜껑들을 작은 통에 넣고 병들은 상자에 넣습니다.
- 아이에게 서로 짝을 이루는 뚜껑과 병을 찾아야 한다고 설명해 줍니다.
- 아이들이 어떤 방식으로 병과 뚜껑을 찾아내는지 잘 지켜봅니다. 아이들이 서로 다른 방법으로 병과 뚜껑을 찾는 과정을 지켜보는 것은 매우 흥미로울 것입니다.

여러 가지 물 맛보기

미네랄워터, 탄산수 등 여러 종류의 물을 준비합니다. 아이들이 다양한 종류의 물을 맛보고 서로 조금씩 다른 맛을 가지고 있다는 것을 발견할 수 있도록 합니다.

《 물병을 가지고 노는 건 재밌어요. 뚜껑을 찾고 물병을 일렬로 세워 놓죠! 》

오스카 7세

스스로 열고 닫기

이 놀이는 여러 종류의 가방이나 병들을 능숙하게 열고 닫을 수 있게 도와줍니다.

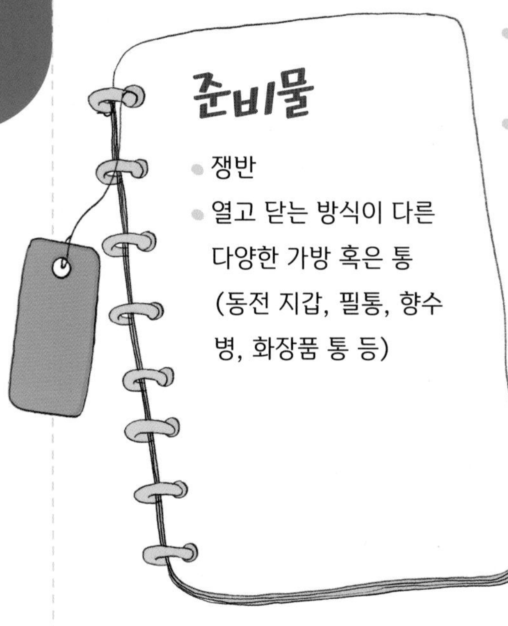

- 물건들을 쟁반에 놓습니다.
- 아이에게 뚜껑을 열고 닫는 법을 가르쳐 줍니다. 한 손에는 뚜껑 한 손에는 통을 잡고 손목을 돌리며 뚜껑을 어떻게 열고 닫는지 보여 줍니다. 여닫는 방식이 다른 종류의 통들도 어떻게 열고 닫는지 보여 줍니다.
- 아이가 스스로 열고 닫는 법을 깨우치도록 여러 번 반복합니다. 놀이에 충분히 적응한 경우 물건의 수를 늘려 가며 놀이합니다.
- 아이가 능숙하게 물건들을 잘 다루면 문, 서랍 혹은 벽장 등을 안전하게 여닫는 법을 가르쳐 줍니다.

여닫는 장치가 있는 물건 모으기

마트나 벼룩시장에서 여러 종류의 물건들을 다양하게 찾을 수 있습니다. 발품을 많이 팔수록 다양한 방법으로 여닫는 물건들을 찾을 수 있을 것입니다.

고무줄 끼우기

아이의 손가락 근육을 키우고 민첩함을 기르는 데 효과적인 놀이입니다.

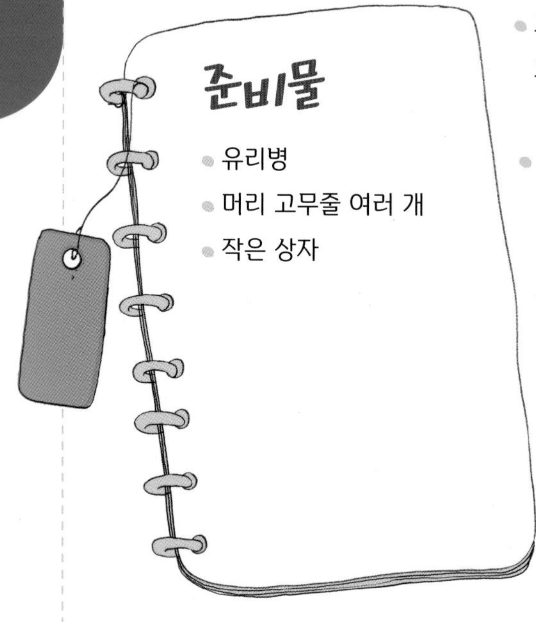

준비물

- 유리병
- 머리 고무줄 여러 개
- 작은 상자

- 고무줄을 하나씩 물병 입구에서부터 끼워 줍니다. 고무줄을 놓치지 않도록 조심해야 합니다.

- 그 다음에는 반대로 고무줄을 하나씩 빼 줍니다. 아이가 스스로 하도록 이끌어 줍니다.

- 놀이를 끝낸 뒤에 고무줄을 상자에 정리하는 것을 보여 주고 아이가 스스로 정리할 수 있도록 도와줍니다.

물병에 고무줄 끼우는 걸
좋아해요. 여러 색의 고무줄로
병을 꾸밀 수 있기 때문이에요.
레오 4세

헤어롤러 놀이

가장 좋아하는 놀이 가운데 하나입니다.
많은 사람들이 왜 헤어롤러를 사용하는지 물어보면
바로 재미있기 때문이라고 대답합니다. 아이들 뿐
아니라 어른들에게도 재미있는 놀이가 됩니다.
앞을 못 보는 아이들과 하기에 좋은 놀이입니다.

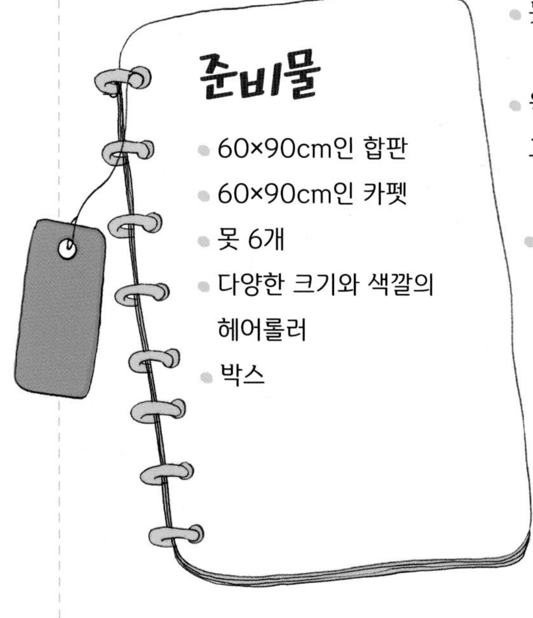

준비물

- 60×90cm인 합판
- 60×90cm인 카펫
- 못 6개
- 다양한 크기와 색깔의 헤어롤러
- 박스

- 못을 사용해 카펫을 합판에 고정시킵니다.
- 원한다면 합판을 벽에 고정시켜도 됩니다. 만약 합판을 가지고 이동하고 싶은 경우에는 더 가벼운 종류의 합판을 선택합니다.
- 아이들은 헤어롤러를 카펫이 고정되어 있는 합판에 붙였다 떼며 놀이합니다. 헤어롤러를 이용해 다양한 모양을 만들거나 자신의 이름을 만들 수도 있습니다.
- 놀이가 끝나면 헤어롤러를 박스에 정리합니다.

LOLA

자물쇠 놀이

자물쇠 놀이는 아이들이 열쇠를 자물쇠 구멍에 넣고 돌리는 걸 반복하면서 손가락 근육과 민첩함을 발달시키는 데 유용한 놀이입니다.

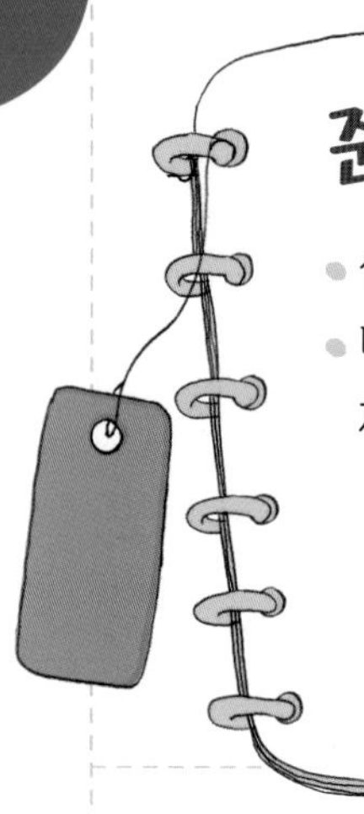

준비물

- 상자
- 다양한 모양과 크기의 자물쇠와 열쇠 3개 정도

- 아이에게 자물쇠를 열기 위해 각 자물쇠에 맞는 열쇠를 찾아야 한다고 설명해 줍니다.
- 아이가 열쇠를 찾아 모든 자물쇠를 여는 데 성공했다면, 열쇠와 자물쇠를 박스에 잘 정리해 줍니다.
- 놀이에 익숙해지면 자물쇠 수를 점차적으로 늘려 봅니다.

《 저는 자물쇠 놀이를 좋아해요. 약간 어렵긴 하지만 자물쇠에 맞는 열쇠를 찾는 게 재밌어요. 》

라티파 4세

고리 놀이

아이들이 일상생활에서는 사용할 기회가 없는 다양한 형태의 고리들을 열었다 닫는 연습을 합니다.

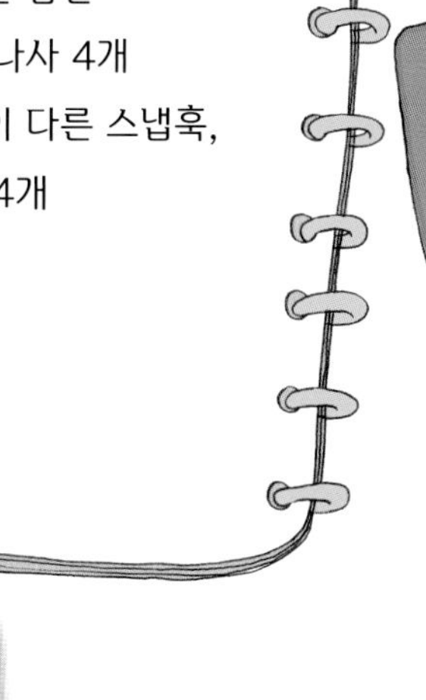

준비물

- 두꺼운 합판
- 고리 나사 4개
- 모양이 다른 스냅훅, 고리 4개

- 고리 나사를 합판에 고정시켜 줍니다.
- 고리들을 하나씩 걸어 줍니다.
- 아이들에게 어떻게 고리를 여는지 보여 줍니다.
- 모든 고리를 열었다면 어떻게 다시 고리 나사에 거는지 보여 줍니다.

《 고리를 어떻게 열어야 하는지 찾는 게 약간 어려워요. 돌려도 보고, 눌러도 보고, 당겨 보기도 하고 힘도 줘야 해요. 게다가 생각까지 해야 하죠. 》

막생스 5세

커피콩 갈기

**아이들에게 커피 그라인더 사용법을 알려 줍니다.
손잡이를 돌리면 커피콩이 가루가 되는 과정을
아이들은 신기하게 지켜봅니다.**

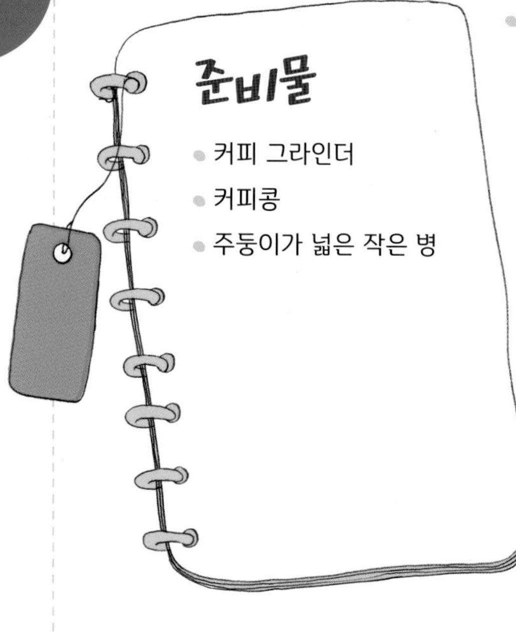

준비물

- 커피 그라인더
- 커피콩
- 주둥이가 넓은 작은 병

- 아이에게 커피 그라인더를 어떻게 사용하는지 가르쳐 줍니다. 커피콩을 그라인더에 넣고 손잡이를 돌려 줍니다. 가루가 된 커피들은 병에 담아 줍니다.
- 아이가 커피콩과 커피 가루의 냄새를 맡고 손으로 만질 수 있게 합니다.
- 그라인더 안에 커피콩을 갈기 위한 칼날이 있다는 것을 아이에게 알려 주어 조심하도록 합니다.

어린 바리스타

아이들에게 자신들이 직접 간 커피 가루를 들고 집으로 가 부모님께 드리도록 합니다. 부모님은 아이가 직접 갈았다는 것을 한 번 더 강조하며 충분히 칭찬해 줍니다.

바느질 놀이

놀이를 통해 자연스럽게 바느질하는 방법을 배울 수 있습니다.

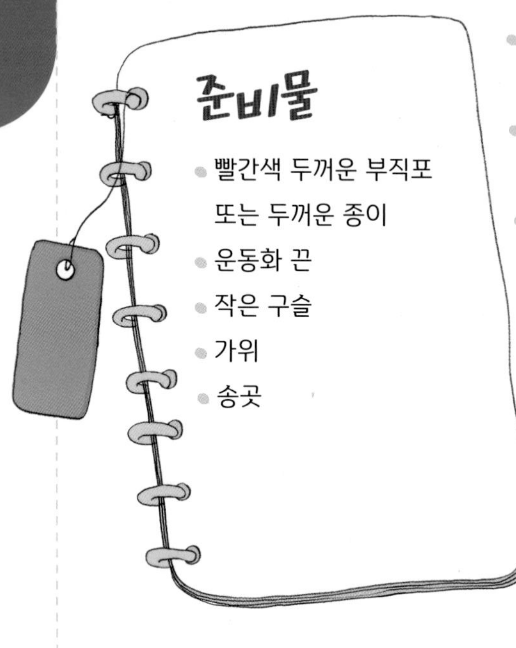

준비물

- 빨간색 두꺼운 부직포 또는 두꺼운 종이
- 운동화 끈
- 작은 구슬
- 가위
- 송곳

- 부직포에 하트 모양을 그린 뒤 가위로 잘라 줍니다.
- 송곳으로 하트 가장자리에 구멍을 뚫어 줍니다.
- 운동화 끈 끝에 작은 구슬을 매달아 빠지지 않게 합니다.
- 아이에게 운동화 끈이 구멍을 통과해 위아래로 오가는 모습을 보여 줍니다. 모든 구멍을 채울 때까지 반복합니다.
- 아이가 혼자서 할 수 있도록 도와줍니다.

《 저는 부직포나 마분지로 자동차, 사람 등 여러 모양을 만들어 놀이해요. 다양한 굵기의 끈을 사용하면 더욱 재미있어요. 》

셀린 아이돌보미

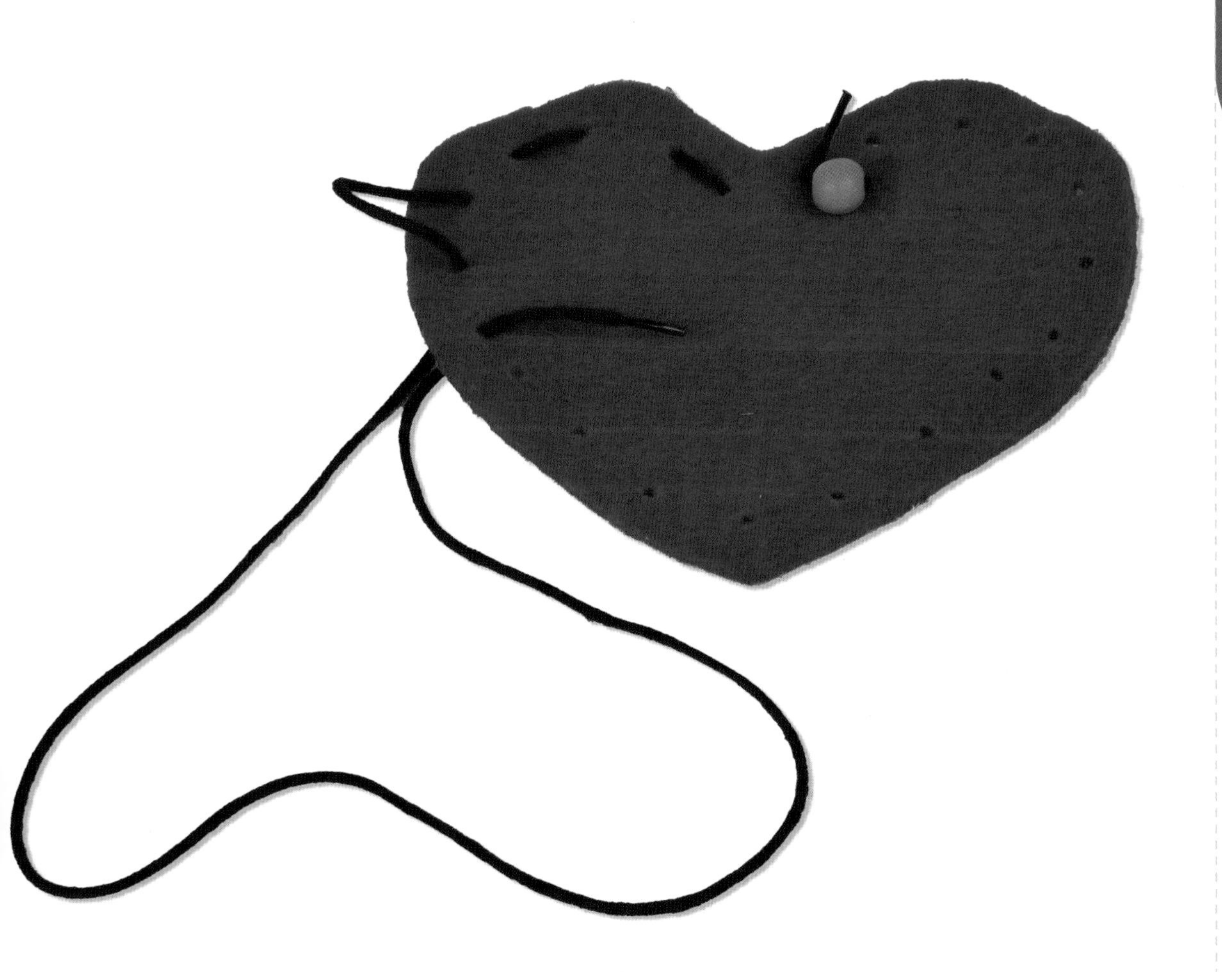

빨래 놀이

빨랫감을 물에 담그고 문지르고 물기를 빼고
빨랫줄에 너는 것까지, 아이들도 어른처럼
손빨래하는 것을 배울 수 있습니다.
아이들에게는 빨래도 즐거운 놀이가 됩니다.

준비물

- 대야 2개
- 빨랫감 담는 바구니
- 인형 옷
- 작은 건조대 (만드는 방법 58페이지 참고)
- 빨래집게
- 손빨래용 세제

- 대야 하나에 따뜻한 물을 채우고 세제를 풀어 줍니다. 다른 대야는 세제 없이 따뜻한 물만 채워 준비합니다. 건조대와 빨래집게 등 도구를 한곳에 모아 둡니다.

- 빨래 통에서 옷 하나를 골라 세제를 풀어 둔 대야에 담가 둡니다. 인형 옷을 손으로 꼼꼼히 비벼 준 뒤, 물이 있는 대야에 담가 헹구도록 합니다. 빨래를 비틀어 물기를 빼고 빨래집게를 사용해 건조대에 널어 줍니다. 이 과정을 아이에게 하나씩 설명하며 보여 줍니다.

- 아이가 위의 과정을 스스로 해 보도록 합니다.

설거지 하기

설거지 놀이를 해 보는 것도 좋습니다. 빨래 세제 대신 주방 세제를 사용하고, 빨래 건조대 대신 그릇 건조대를 사용합니다. 그리고 인형 옷 대신 소꿉놀이용 식기를 사용하며 물기를 닦아 줄 수건과 식기를 문지르기 위한 수세미도 준비해 줍니다.

《 우리 아기의 옷을 씻어 주는 건 정말 즐거워요. 물에 담그고 거품을 내고 건조대에 널어요. 이렇게 똑같은 행동을 반복하죠. 》

루이즈 4세

빨래 널기

아이들은 어른들을 따라하는 것을 좋아합니다.
빨래를 건조대에 너는 과정에서 빨래집게를 사용해
아이들 손가락 근육을 발달시켜 줍니다.

준비물

- 1.5×1.5cm 크기의 길이 2m 나무 막대 2개
- 머리가 납작한 못 14개
- 볼트 2개
- 머리가 크고 동그란 못 6개
- 목공용 접착제
- 도금된 철사 혹은 나일론선 35cm
- 통 2개
- 빨래집게
- 인형 옷

- 준비한 나무 막대를 15.5cm 막대 2개, 30cm 막대 4개, 17.5cm 막대 2개, 28.5cm 막대 1개, 20cm 막대 2개, 14cm 막대 1개로 잘라 줍니다.

- 길이가 30cm인 막대에 각각 15.5cm와 17.5cm인 막대를 위아래로 고정시켜 엑스 모양을 만들어 준 뒤 볼트로 고정시켜 줍니다. 똑같은 방식으로 두 번째 엑스 모양을 하나 더 만들어 줍니다.

- 만들어 둔 엑스 모양 나무 막대 두 개를 세울 수 있도록 아랫부분에 30cm 막대 2개를 고정시켜 줍니다.

- 길이가 20cm인 두 나무 막대에 각각 3개의 구멍을 뚫습니다. 그다음 서로 마주 보고 있는 구멍 사이로 철사를 통과시켜 고정해 줍니다. 통과된 철사 끝부분에 아이가 손을 다치지 않도록 머리가 크고 동그란 못을 박아 줍니다. 이렇게 만들어진 빨래 건조대 윗부분을 두 개의 엑스 모양 나무 막대 위에 고정시켜 줍니다.

- 더욱 튼튼한 빨래 건조대를 만들기 위해, 길이 28.5cm 나무 막대를 양쪽의 엑스 모양 교차지점에 고정시켜 줍니다. 그리고 행거를 지탱하는 바닥에 있

는 두 나무 막대 중간을 14cm 길이 나무 막대로 연결해 줍니다.

- 빨래 건조대를 다 만들었다면, 준비된 통 두 개에 각각 빨래집게와 인형 옷을 담아 줍니다.

- 인형 옷 중에 하나를 골라 아이에게 어떻게 빨래집게로 옷을 너는지 보여 줍니다.

- 아이가 나머지 옷들을 스스로 널어 보게 합니다.

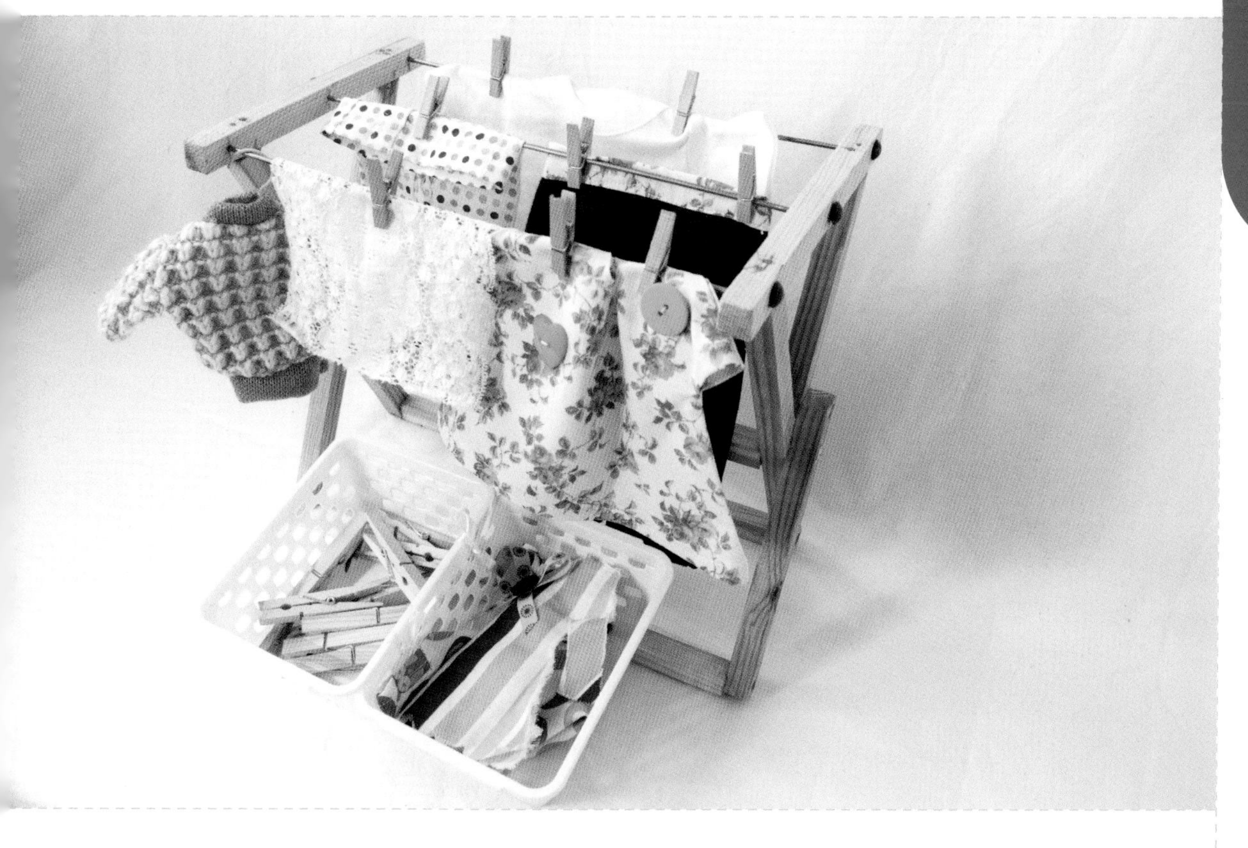

tip

빨래 건조대를 직접 만들기 힘든 경우 작은 그릇 건조대를 대신 사용할 수도 있습니다. 그리고 인형 옷이 없는 경우 아이 양말을 사용해도 좋습니다.

가위질 배우기

이 놀이를 통해 아이는 스스로 가위질하는 것을 배울 수 있습니다. 가위질은 아이들의 집중력을 높여 주고 소근육 발달에 효과적입니다.

준비물

- 쟁반
- 아이에게 맞는 가위 준비(아이의 나이, 오른손잡이, 왼손잡이에 맞춰 준비)
- 종이
- 자른 종이를 담을 수 있는 통
- 풀

- 1.5×1.5cm 칸들이 그려진 종이를 준비합니다.
- 아이들이 종이 자르는 놀이를 매우 좋아하기 때문에 미리 많은 양의 종이를 준비해 둡니다. 이면지를 적극적으로 활용하기 바랍니다.
- 쟁반에 모든 준비물을 담아 줍니다.
- 아이가 바르게 가위를 잡을 수 있도록 도와줍니다. 엄지손가락은 위로 향하게 하고 검지와 중지는 아래로 향하도록 하여 가위를 잡는 모습을 보여 줍니다.
- 종이를 자르기 위해 한 손에는 종이를 잡고 한 손으로는 가위를 어떻게 사용해야 하는지 직접 보여 주며 설명합니다.
- 아이가 가위질에 익숙해져 작은 조각을 자를 수 있을 때 종이 위에 그려진 선을 따라 가위질을 하도록 합니다.
- 아이가 종이를 모두 자른 뒤, 자신이 원하는 색깔의 종이에 잘라 둔 종잇조각들을 붙이며 놀이합니다.

이렇게 활용해 보아요!

채소나 과일 혹은 생활용품들이 그려진 마트 전단지를 준비합니다. 아이의 손이 닫는 곳에 전단지를 정리해 둡니다. 아이가 가위질에 익숙해지면 전단지 속 그림을 따라 가위질을 하도록 합니다.

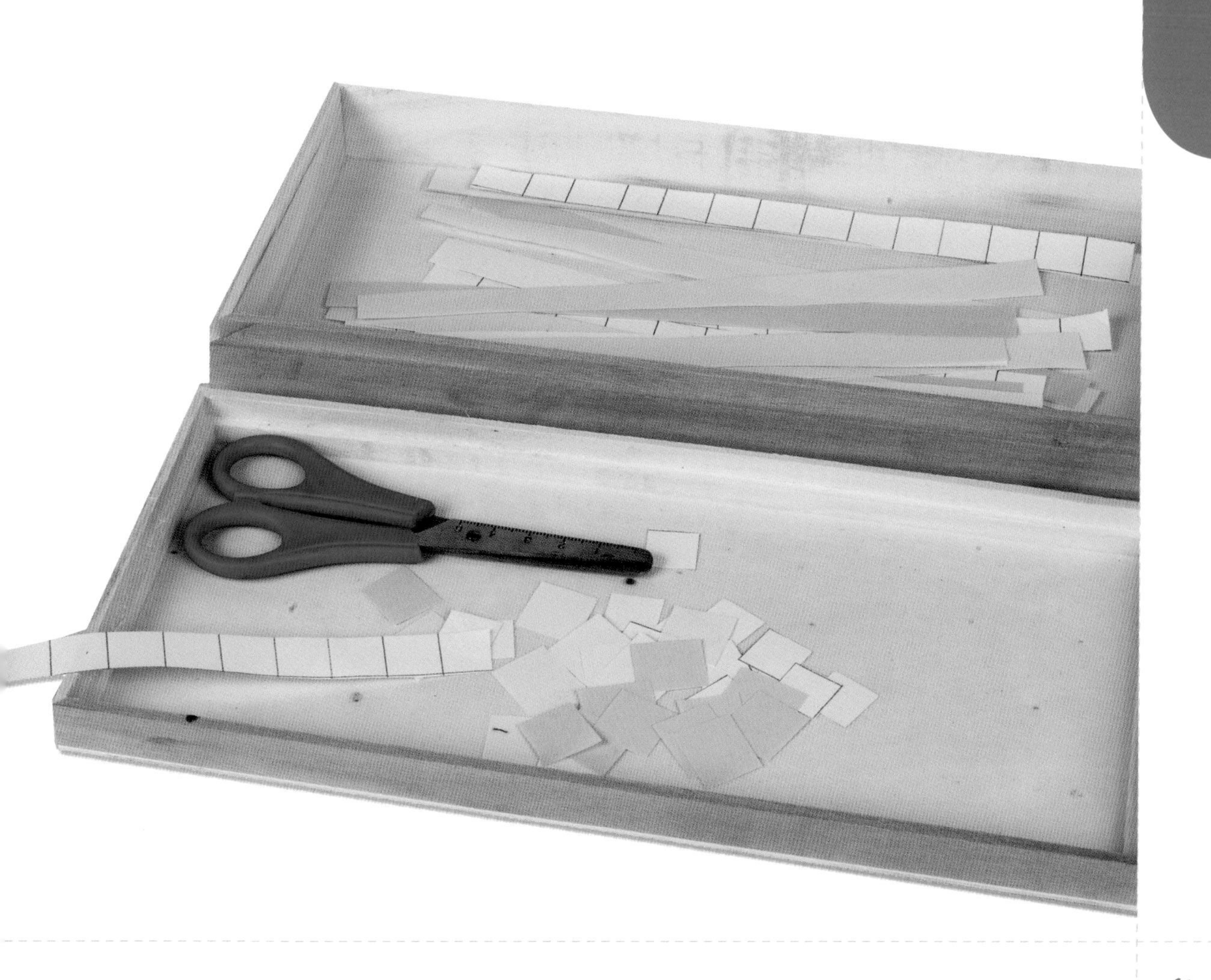

채소 손질하기

채소를 다듬는 놀이는 아이들 소근육 발달에 좋으며 부엌에서 사용하는 다양한 도구들의 사용법도 배울 수 있습니다. 그리고 아이들이 채소를 친숙하게 낄 수 있게 도와줍니다.

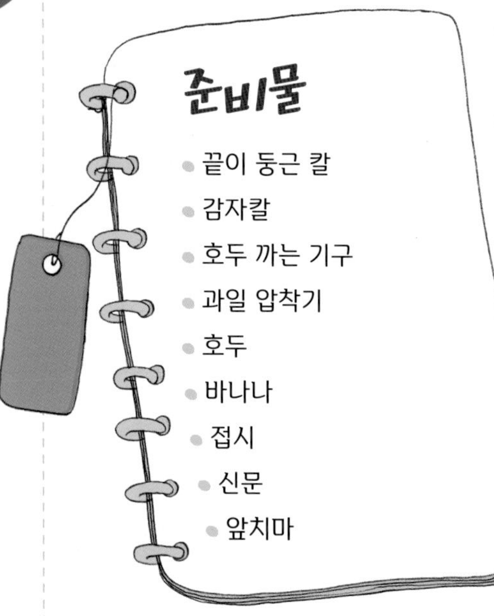

- 옷이 더러워지지 않도록 아이들에게 맞는 앞치마를 입고 시작합니다.

- 아이에게 어떻게 바나나를 자르는지 보여 줍니다. 끝이 둥근 칼로 바나나를 잘라 주고, 자른 바나나는 접시에 바나나 껍질은 신문지에 놓습니다. 다음에는 호두 까는 기구로 호두 까는 법, 감자칼로 감자나 당근 껍질 벗기는 법 그리고 과일 압착기로 오렌지즙 내는 것을 천천히 보여 줍니다.

- 아이의 나이에 따라 간식이나 요리를 하는데 필요한 과일과 채소를 고르고, 과일이나 채소의 껍질을 까고, 강판에 가는 법을 가르쳐 줍니다.

- 모든 게 끝나면 아이들이 스스로 사용한 도구를 치우고 주변 정리를 하도록 합니다. 작은 채소밭이나 정원이 있는 경우 껍질은 퇴비로 사용하면 좋습니다.

마법 사과

사과 껍질 벗기는 기계를 이용하여 재미있는 놀이를 할 수 있습니다. 아이들은 이 마법 같은 기계를 매우 좋아합니다. 개인적으로 놀이 시간에 자주 가져가는 도구 중 하나입니다. “수리 수리 마수리, 껍질아 벗겨져라!” 주문을 외며 기계를 작동시킵니다. 기계는 사과의 껍질을 벗기고 씨를 걸러내며 단번에 사과를 여러 조각으로 잘라 줍니다. 아이들은 이런 마법 사과를 먹는 것을 매우 즐거워합니다.

연필 깎기

연필 깎는 연습으로 아이들의 자율성을 발달시키고
손가락의 유연성을 기를 수 있습니다.

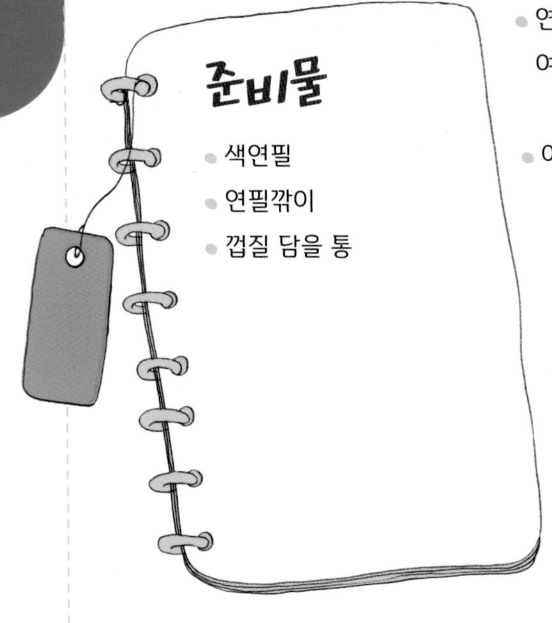

준비물

- 색연필
- 연필깎이
- 껍질 담을 통

- 연필을 어떻게 잡는지 연필깎이는 어떻게 사용하는지 아이에게 직접 보여 주면서 설명하며 연필을 깎도록 합니다.
- 아이가 혼자서 할 수 있도록 도와줍니다.

tip
연필을 깎고 나온 껍질은 종이에 붙여 다양한 그림을 만드는 놀이에 활용할 수 있습니다.

MADE IN GERMANY
STAEDTLER

송곳 다루기

송곳은 아이들이 매우 좋아하는 도구 중 하나입니다. 하지만 위험할 수 있으니 어른들의 보호 아래 아이들이 침착하고 안전하게 놀이할 수 있도록 합니다.

준비물

- 쟁반
- 송곳
- 송곳으로 구멍을 낼 수 있는 그림 카드
- 나무 합판이나, 바닥에 깔 수 있는 플라스틱 판

- 직접 송곳을 만들고 싶은 경우 빨래집게, 못, 접착제를 사용하여 만들 수 있습니다. 못을 빨래집게 사이에 놓고 접착제로 고정시키면 간단한 송곳이 됩니다.

- 그림 카드를 사거나, 또는 계절에 맞게 꽃이나 트리 같은 다양한 그림을 직접 그려서 준비합니다.

- 아이가 송곳을 이용하여 그림을 따라 구멍을 뚫도록 합니다.

- 구멍을 모두 뚫었으면 그림을 종이에서 떼어 냅니다.

- 떼어 낸 그림은 아이들이 자유롭게 꾸며 줍니다.

- 놀이가 끝나면 아이가 모든 도구를 쟁반에 모아 정리하도록 합니다.

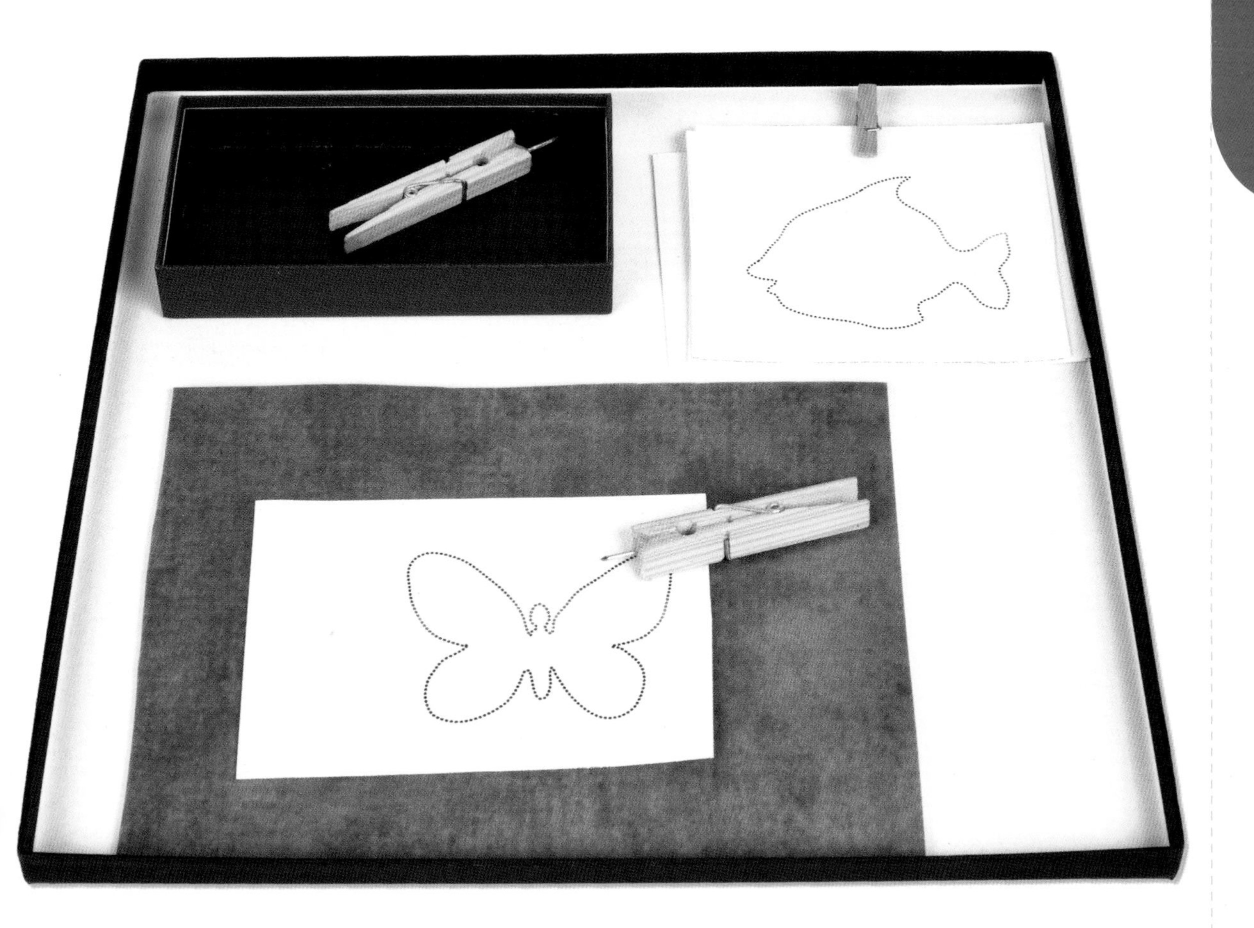

옮겨 담기

이 놀이는 아이들의 손가락과 팔목 근육을 발달시켜 주며 내용물을 한 쪽에서 다른 쪽으로 옮기는 연습을 할 수 있습니다.

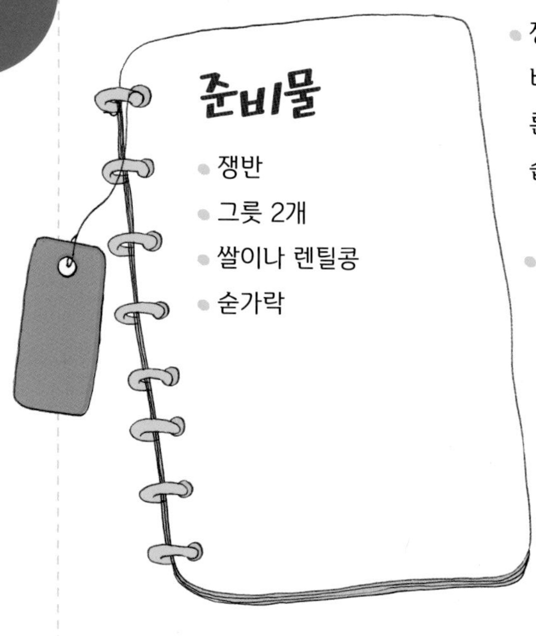

준비물

- 쟁반
- 그릇 2개
- 쌀이나 렌틸콩
- 숟가락

- 쟁반에 숟가락과 그릇 두 개를 준비합니다. 왼쪽에는 빈 그릇 오른쪽에는 쌀이 채워진 그릇을 놓습니다.
- 숟가락으로 오른쪽 그릇에 담긴 쌀을 왼쪽의 빈 그릇에 옮겨 줍니다. 아이에게 움직임을 자세히 보여 줍니다.
- 왼손으로도 똑같은 행동을 해 봅니다.
- 충분히 보여 준 뒤 아이가 혼자서 할 수 있도록 합니다.
- 놀이가 끝나면 아이가 준비물을 정리하도록 합니다.

이렇게 활용해 보아요!

숟가락으로 충분한 연습을 한 뒤, 다른 도구들을 사용해서도 놀이해 봅니다. 예를 들어 작은 찻숟가락을 사용하면 아이가 팔목을 더 섬세하게 다루게 됩니다. 그릇도 바꾸어 볼 수 있습니다. 더 커다란 그릇을 사용하여 아이가 두 손이나 국자로 쌀이나 콩, 밀가루 등을 옮겨 보도록 합니다.

3장. 물을 이용한 몬테소리 놀이

이번 장은 물을 따르고 옮겨 붓는 연습으로 시작합니다. 물 따르기와 옮겨 붓기는 아이들이 매우 좋아하는 활동임과 동시에 아이들의 성장에 큰 도움이 됩니다. 필요한 도구가 적고 준비하는 데 많은 시간이 필요하지 않아 책에 소개된 놀이들을 바탕으로 다양한 놀이로 활용하면 좋습니다.

아이들의 정신에서 인류 발전의 실마리를 찾을 수 있다.

마리아 몬테소리

물 따르기

아이들이 스스로 물을 따라 마실 수 있도록
교육시키며, 특히 물이 넘치지 않도록
조심하는 법을 가르칠 수 있습니다.

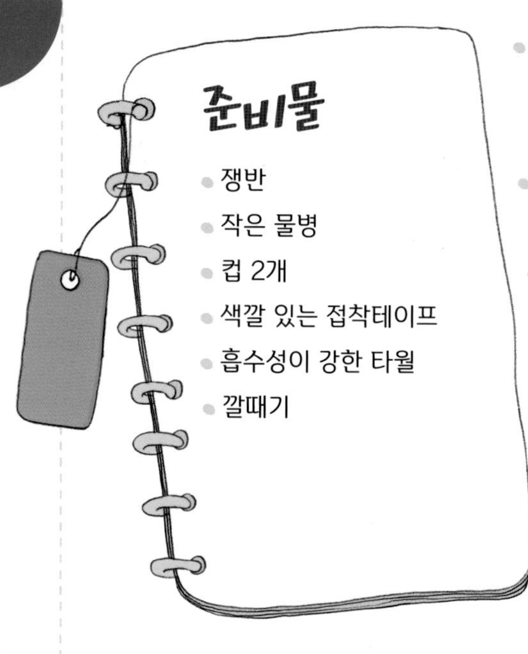

- 물병과 컵에 접착테이프를 붙여 어디까지 물을 채워야 하는지 미리 표시해 줍니다.
- 쟁반에 물병, 컵, 깔때기, 흡수성이 강한 타월을 준비해둡니다.
- 우선 아이가 물통에 물을 적당히 채우도록 합니다.
- 컵에 접착테이프로 표시된 곳까지 물을 따르도록 합니다.
- 만약 물을 물통에 다시 부어야 할 경우 깔때기를 사용하도록 합니다.
- 놀이가 끝나면 아이가 스스로 쟁반을 정리하도록 합니다. 쟁반에 물을 쏟았을 때도, 아이 스스로 타월로 닦을 수 있도록 합니다.

tip

어린아이들은 컵 대신 요구르트 통을 이용하면 좋습니다.

물병에 물 담기

이 놀이는 아이들의 양손 근육 발달에 효과적입니다.
그리고 비움과 채움의 개념을 배우는 데 좋습니다.

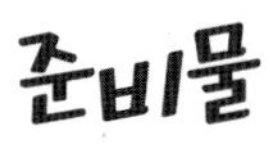

- 쟁반
- 유리나 도자기로 된 물병 2개
- 물

- 물이 채워진 물병과 빈 물병을 쟁반 위에 준비합니다. 오른손으로 물이 든 물병을 들어 왼쪽에 놓인 빈 물병에 물을 부어 줍니다.
- 같은 동작을 왼손으로도 해 봅니다.
- 아이가 혼자할 수 있도록 합니다.
- 아이가 물을 쏟을 경우를 대비해 흡수성이 좋은 타월이나 스펀지를 준비해 둡니다.
- 놀이가 끝나면 아이 스스로 뒷정리를 하도록 합니다.

tip

아이가 물을 능숙히 따르게 되면 물 대신 모래나 콩(병아리콩, 렌틸콩, 완두콩 등)으로 똑같이 해 봅니다. 모래나 콩을 흘릴 경우를 대비하여 작은 빗자루와 쓰레받기를 준비하도록 합니다.

《 물 따르는 놀이를 매우 좋아해요.
하고 있으면 기분이 좋아지고
차분해져요. 렌틸콩으로도 연습해요. 》
카미 7세

《 물병을 콩으로 채우는 건
무척 재미있어요. 》
자드 4세

물 옮겨 붓기

이 놀이는 다양한 도구를 사용하여 여러 가지 방법으로 물을 따르고 옮겨 붓는 연습을 할 수 있습니다.

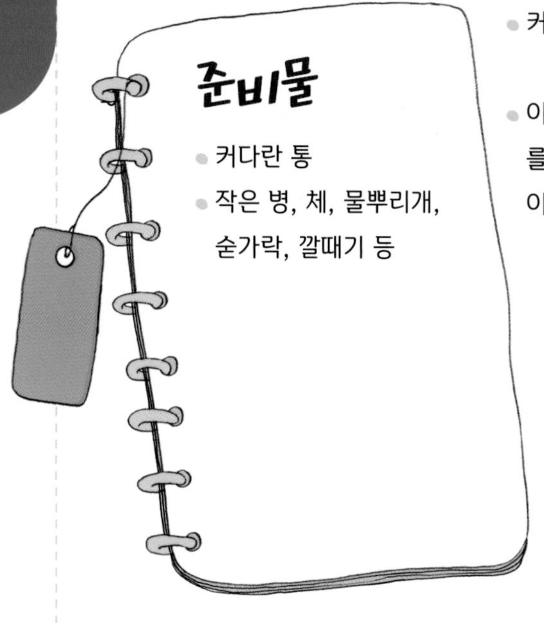

준비물

- 커다란 통
- 작은 병, 체, 물뿌리개, 숟가락, 깔때기 등

- 커다란 통에 물을 적당히 채워 줍니다.
- 이 놀이는 아이들에게 따로 놀이를 설명해 줄 필요가 없습니다. 도구를 준비해 주면 아이들 스스로 물을 붓고 옮겨 담는 등 자연스럽게 놀이할 것입니다.

이렇게 활용해 보아요!

계절에 따라 다양한 재료를 통에 채워 여러 도구들로 옮겨 붓는 놀이를 할 수 있습니다. 예를 들어 물 대신 굵은 밀가루를 사용하면 아이들은 또 새로운 놀이를 합니다. 밀가루가 통 밖으로 튀어나가는 것을 대비하여 바닥에 비닐이나 신문지를 깔아 줍니다.

주사기 사용하기

이 놀이를 통해 아이들은 주사기의 원리와 사용법을 깨달을 수 있으며, 손가락 근육을 조절하는 힘과 집중력, 민첩함을 키울 수 있습니다.

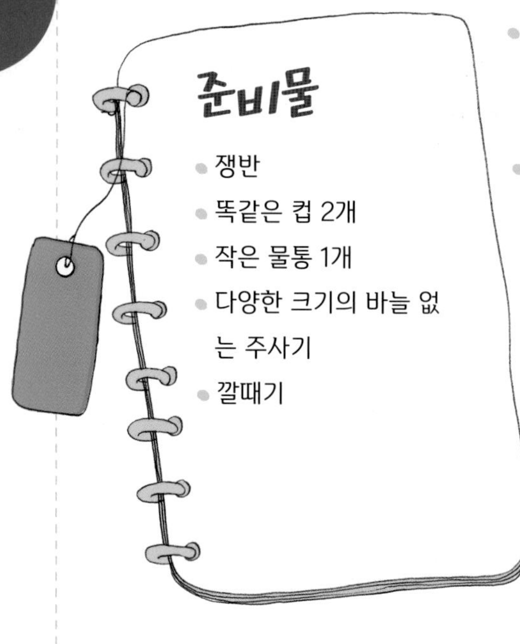

준비물

- 쟁반
- 똑같은 컵 2개
- 작은 물통 1개
- 다양한 크기의 바늘 없는 주사기
- 깔때기

- 준비한 컵 중 하나에만 물을 따라 줍니다. 그런 다음 주사기를 이용하여 비어 있는 컵에 물을 옮겨 줍니다.
- 아이에게 놀이 설명을 해 줄 때, 주사기나 깔때기 등 도구의 원리와 이름을 알려 주는 것이 중요합니다.
- 양손으로 돌아가며 옮겨 담기를 합니다.
- 놀이가 끝나면 깔때기를 사용하여 컵에 담긴 물을 다시 물병에 따라 준 뒤 뚜껑을 닫아 줍니다.

《 주사기와 물을 좋아해요.
매우 재밌거든요! 》
플로리안 4세

스펀지로 물 옮기기

이 놀이를 하며 아이들은 스펀지의 촉감을 느끼고,
물을 가득 머금은 스펀지의 무게도 느껴 봅니다.
물에 젖은 스펀지를 꼭 짜는 방법도 배울 수 있습니다.

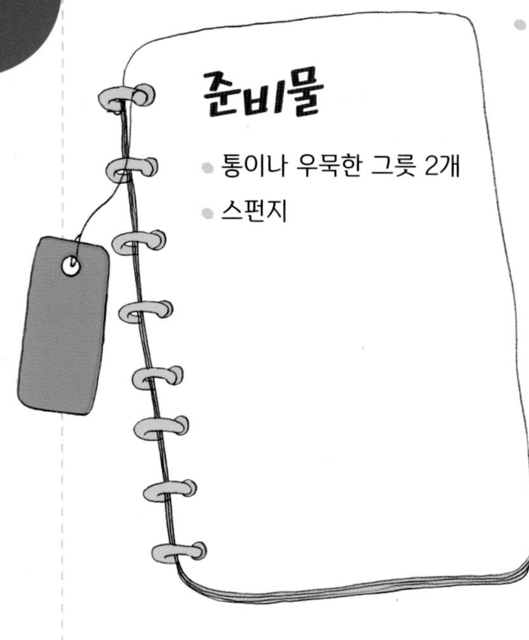

준비물

- 통이나 우묵한 그릇 2개
- 스펀지

- 통 두 개 중에 하나에만 물을 채워 줍니다. 물의 양은 너무 많을 필요는 없습니다. 스펀지 크기에 맞춰 빨아들이는 양을 고려하여 담아 줍니다.
- 아이에게 물이 채워진 통을 보여 줍니다.
- 물이 담긴 통에 스펀지를 담아 스펀지에 물이 흡수되는 과정을 아이가 지켜보도록 합니다. 스펀지가 물을 다 빨아들이면 통을 엎어 물이 남아있지 않다는 것을 보여 주며, "물이 다 어디로 갔지?" 라고 물어봅니다.
- 물 먹은 스펀지를 두 손을 사용하여 힘껏 짜 줍니다. 아이에게 물이 빠져나가는 과정을 잘 보여 줍니다.
- 아이가 똑같이 따라할 수 있도록 합니다.

tip

철물점에 가면 큰 스펀지를 구할 수 있습니다. 큰 스펀지를 다양한 크기로 잘라서 사용하면 됩니다.

스포이트 사용하기

이 놀이는 아이들에게 스포이트의 원리를 알려 주며, 아이들의 손가락 움직임을 섬세하게 발달시켜 주고 집중력을 키우기에 좋습니다.

준비물

- 쟁반이나 적당한 크기의 받침대
- 작은 병
- 식용색소
- 스포이트
- 팔레트
- 스펀지
- 흡수성 좋은 종이 타월

- 받침대에 모든 도구를 놓습니다.
- 작은 병을 식용색소로 채웁니다.
- 아이에게 스포이트 잡는 법을 알려 줍니다. 우선 스포이트로 어떻게 액체를 빨아들이는지 보여 주고 팔레트에 액체를 내뿜어 줍니다. 스포이트를 조심스럽게 사용하도록 알려 줍니다.
- 액체가 옆으로 흐를 경우 종이 타월이나 스펀지로 닦아내며 물이 흡수되는 모습을 보여 줍니다.
- 놀이가 끝나면 팔레트를 비우고 깨끗이 씻어 줍니다.

tip

식용색소를 구하지 못했다면, 식용색소 대신 석류와 같이 색이 진한 과일의 즙을 사용해도 됩니다. 쉽게는 물감을 사용할 수도 있습니다.

4장. 오감발달 몬테소리 놀이

오감발달은 몬테소리 교육에 있어 필수적인 요소입니다. 놀이는 청각, 시각, 미각, 후각, 촉각의 발달을 중심으로 합니다. 이 장에서는 위의 감각을 발달시키기 위한 다양한 놀이들을 소개합니다.

오감은 아이가 바깥 세상을
이해할 수 있도록 도와주는 창과 같다.
마치 손이 신체기관 중 물질로
이루어진 세계를 알아가는 데
필수적인 요소이듯 말이다.
마리아 몬테소리

다양한 천 가지고 놀기

이 놀이는 아이들의 촉각과 시각을
발달시켜 줍니다.

준비물

- 쟁반이나 플라스틱으로 된 상자
- 13×25cm 마분지
- 다양한 질감의 천
- 퀼팅 천이나 솜
- 가위
- 실과 바늘 또는 재봉틀

- 천에 13×25cm 크기의 마분지를 대고 같은 크기로 천을 잘라 줍니다. 같은 종류의 천을 두 개씩 준비해 줍니다.
- 천을 반으로 접은 뒤 양옆을 바느질해 줍니다.
- 속을 퀼팅 천이나 솜으로 채워 준 뒤, 재봉틀이나 바느질로 입구를 꿰매 네모난 방석 모양이 되도록 합니다. 같은 방식으로 나머지 천들도 방석 모양으로 만들어 줍니다.
- 다 만든 방석들을 쟁반이나 상자에 담아 줍니다.
- 아이와 함께 다양한 질감의 천을 충분히 만져 봅니다.
- "이건 어떤 느낌이니?"하고 아이에게 물어봅니다. 부드러운지 까칠까칠한지 간지러운지 따끔거리는지 아이가 다양하게 표현할 수 있도록 도와줍니다.
- 놀이에 익숙해지면, 아이의 눈을 가린 뒤 촉감만으로 같은 종류의 천을 찾을 수 있도록 합니다.

《 방수 천, 망사 등 다양한 종류의 천이 모여 있는 상자를
하나 만들었어요. 15×15cm 정사각형으로
여러 종류의 천을 자른 후 빈 아이스크림 통에 모아 두었어요.
그리고 뚜껑에 천이라고 표시해 놨죠. 》

루시 아이돌보미

tip

청바지, 니트, 면, 벨벳 등 모든 자투리 천을 이용하세요. 오래된 옷을 적극 활용하면 좋습니다. 근처에 천을 파는 가게나 재봉사가 있으면 그들을 통해 여러 종류의 천을 구할 수 있습니다. 퀼팅 천이나 솜은 천을 파는 가게에 가서 구입하거나 오래된 쿠션이나 인형의 솜을 사용할 수도 있습니다. 주변 사람들과 함께 천을 나누어 가지면 더욱 다양한 종류의 천을 얻을 수 있습니다.

소리 나는 통

이 놀이는 아이들에게 다양한 소리를 들려주어,
아이들의 청각이 발달하는 데 큰 도움을 줍니다.

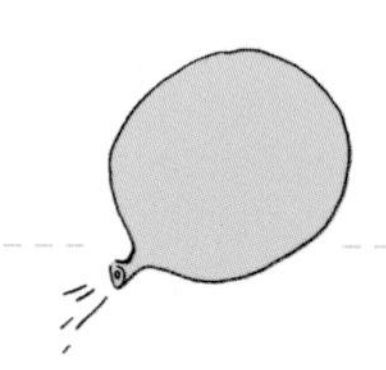

- 불투명한 통과 뚜껑 8쌍(필름 통이나 마시는 요구르트 통)
- 종이테이프 8개(4개씩 같은 색깔 두 종류)
- 모래나 구슬, 조개껍질, 잡곡 등
- 접착테이프

- 통과 뚜껑을 8개씩 준비합니다.
- 뚜껑에 4개씩 같은 색깔의 종이테이프를 붙입니다.
- 통에 구슬, 모래, 조개껍질, 잡곡을 각각 2개의 통에 나눠 담아 줍니다.
- 같은 내용물이 담긴 통은 각각 다른 색의 종이테이프가 붙어 있는 뚜껑을 닫아 줍니다.
- 뚜껑을 닫은 뒤 접착테이프를 붙여 뚜껑이 열리지 않도록 합니다. 아이들이 뚜껑을 미리 열어 보는 것을 막기 위해서입니다.
- 아이 앞에서 통을 흔들어 보여 주며, 아이의 오른쪽 귀에 소리를 들려주고 다음에는 왼쪽 귀에 소리를 들려줍니다.
- 아이에게 두 가지 색깔의 뚜껑이 있는 것을 보여 줍니다. 아이가 뚜껑을 열어서는 안 되며 단지 통이 내는 소리만 들을 수 있도록 합니다. 아이가 원한다면 눈을 감고 소리를 듣는 것도 좋습니다.
- 통을 섞어 둡니다.
- 아이가 같은 소리가 나는 통을 찾아 짝을 찾을 수 있도록 합니다. 아이가 한 번에 해내지 못하면 다시 할 수 있는 기회를 줍니다.

tip

아이의 나이에 따라 통의 개수를 늘려 가며 놀이합니다.

냄새 맡기

이 놀이는 아이들의 후각 발달에 매우 좋습니다.
그리고 아이에게 여러 가지 냄새를 맡을 수 있는
기회를 줍니다. 아이에게 친숙한 냄새를 맡게 한 뒤
그 냄새를 장소나 사람과 연관 짓는
활동을 하면 좋습니다.

준비물

- 똑같이 생긴 불투명한 통 8개 (요구르트 통이나 잼 통)
- 두 가지 색깔의 아크릴 물감
- 붓
- 가루를 담을 수 있는 촘촘한 직물로 된 작은 주머니(차 티백)
- 카카오 가루, 커피 가루, 계피, 라벤더, 타임, 민트잎, 야자열매 조각, 바닐라 등
- 실

- 아크릴 물감으로 통을 칠해 줍니다. 두 색깔로 나누어 칠해 통들이 두 개씩 짝을 이루도록 합니다.
- 작은 주머니에 준비한 가루를 하나씩 넣어 실로 묶어 줍니다. 같은 내용물이 들어있는 주머니를 각각 다른 색의 통에 넣어 줍니다.
- 아이가 뚜껑을 열어 하나씩 냄새를 맡도록 합니다. 아이가 내용물이 어떤 건지 볼 수는 없도록 합니다.
- 아이가 어떤 냄새인지 맞추도록 합니다. 만약에 맞추지 못할 경우 '식물이고 차로 마신다.' 또는 '먹을 수 있는 것이다.'처럼 힌트를 줍니다.
- 같은 내용물이 들어 있는 통을 찾을 수 있도록 합니다.
- 다음에는 아이가 직접 다른 아이에게 냄새를 맡도록 하고 문제를 내도록 합니다.

《 이건 코코아야.
아침마다 우유랑 섞어 먹어. 》
루이즈 3세

《 아빠 냄새야!
(커피 냄새를 맡고) 》
에땅 3세

《 야자열매 조각을 사용했더니
어머니가 직접 만들어 주시던
케이크가 떠올랐어요. 》
안느 유치원 교사

tip
통 속의 내용물이 오래되면 냄새가 날아가니 내용물을
자주 바꿔 주면 좋습니다.

맛 알아맞히기

이 놀이는 어른과 아이 모두 재미있게 할 수 있는 놀이이면서, 아이들의 미각 발달에 몹시 효율적입니다.

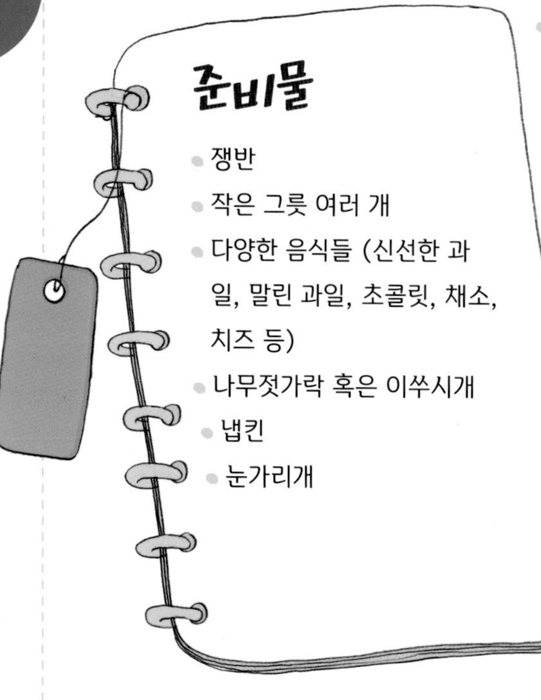

준비물

- 쟁반
- 작은 그릇 여러 개
- 다양한 음식들 (신선한 과일, 말린 과일, 초콜릿, 채소, 치즈 등)
- 나무젓가락 혹은 이쑤시개
- 냅킨
- 눈가리개

- 쟁반에 냅킨을 깔아 줍니다.
- 작은 그릇에 다양한 음식을 담아 줍니다. 쟁반에 그릇들과 나무젓가락 또는 이쑤시개를 놓고 준비합니다.
- 아이들이 테이블에 모였으면 놀이를 시작합니다. 눈을 가리고 하는 것이 더 재미있습니다. 하지만 아이가 원하지 않는다면 눈을 가리지 않아도 좋습니다.
- 아이들이 음식을 집을 수 있도록 나무젓가락이나 이쑤시개를 나눠 줍니다.
- 어린아이들에게는 네 가지 정도의 음식만 준비해 줍니다.
- 음식 종류를 아이들의 나이와 관심에 따라 늘려 가며 놀이합니다.

이렇게 활용해 보아요!

초등학교나 유치원에서 맛 알아맞히기 놀이를 할 때 바나나, 귤, 다크 초콜릿, 잣 등을 사용합니다. 아이들이 다양한 맛(단맛, 짠맛, 신맛, 쓴맛)과 느낌(부드럽다, 바삭바삭하다, 입에서 살살 녹는다, 기분 좋다)을 구분하도록 도와줍니다. 맛이 특이하거나 식감이 색다른 음식을 사용하는 것도 좋습니다.

부드럽고 거친 느낌

이 놀이를 통해 아이들의 촉각을 발달시킬 수 있으며
양쪽 팔목 근육과 유연성을 길러 줄 수 있습니다.
아이들은 천, 가죽, 종이 등을 만지며
자연스레 긴장이 풀어집니다.

준비물

- 15×30cm의 두꺼운 종이나 판자
- 사포
- 접착제
- 가위

- 3×30cm의 사포를 5개 준비해 줍니다.
- 사포를 15×30cm의 두꺼운 종이나 판자에 붙여 줍니다. 이때 사포 사이 간격은 3cm를 유지합니다.
- 아이가 검지와 가운뎃손가락을 사용해 왼쪽에서 오른쪽으로 판자를 만지며 손가락을 이동하도록 합니다. 판자와 사포를 번갈아가면서 만지게 합니다.
- 아이가 부드러운 촉감이나 거친 촉감을 느낄 때마다 손에서 느껴지는 느낌을 말로 표현하도록 합니다.

tip

아이가 손 전체를 사용하여 촉감을 느낄 수 있도록 더 큰 판자를 사용하여 놀이 도구를 만들 수도 있습니다. 또한 아이에게 눈을 감고 오로지 촉감에만 집중할 수 있도록 하면 더욱 좋습니다.

거친 촉감의 판자

아이가 부드럽거나 거친 느낌이 어떤 것인지 배우면서 자연스레 촉각을 발달시킬 수 있는 아주 쉬운 놀이입니다.

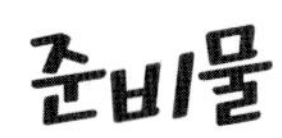

준비물

- 7×4cm인 직사각형 판자 또는 두꺼운 종이 10개
- 거칠기가 서로 다른 7×8cm인 사포 5개
- 접착제
- 가위
- 판자를 보관할 수 있는 상자

- 사포를 잘라 7×4cm인 사포 10개로 만들어 줍니다.
- 자른 사포를 직사각형 판자나 두꺼운 종이에 붙입니다. 그렇게 하면 거칠기가 서로 다른 다섯 쌍의 판자가 생깁니다.
- 모든 판자를 아이에게 보여 줍니다.
- 판자 하나를 골라 따로 두고 다른 판자들은 섞어 줍니다.
- 따로 둔 판자의 촉감을 손가락으로 느끼게 한 뒤, 섞어 놓은 판자들 중에서 같은 종류의 판자를 찾도록 합니다.
- 짝을 찾은 판자들은 옆으로 따로 빼 두고, 남은 판자들 중에서 또 하나를 골라 똑같은 방법으로 짝을 찾도록 합니다.
- 위와 같은 방법으로 아이에게 촉감이 같은 판자를 찾아 계속 짝을 맞추도록 합니다. 눈을 가리고 하면 더욱 집중하여 잘 찾을 수 있을 겁니다.
- 놀이가 끝나면 아이가 모든 판자를 정리하도록 합니다.

tip

슈퍼나 마트에서 사용하고 남은 박스들을 구해 와서 판자 대신 사용하면 좋습니다.

나만의 촉감 상자

부드럽거나 거칠고, 단단하거나 물렁물렁하고,
따뜻하거나 차가운 느낌 등 다양한 촉감을 느끼고
표현할 수 있는 놀이입니다.

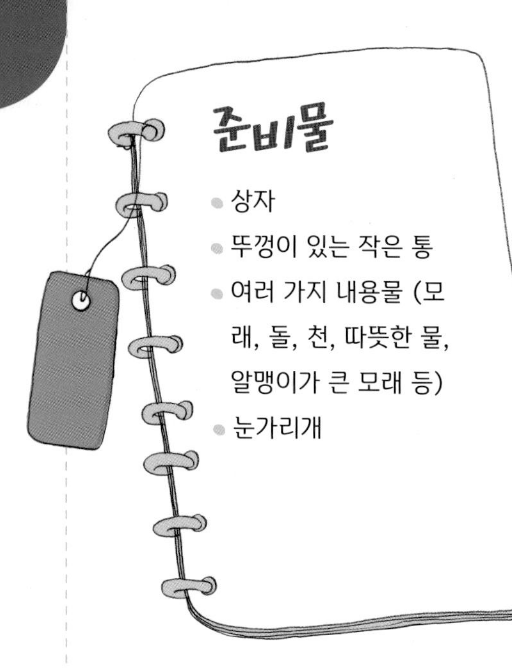

준비물

- 상자
- 뚜껑이 있는 작은 통
- 여러 가지 내용물 (모래, 돌, 천, 따뜻한 물, 알맹이가 큰 모래 등)
- 눈가리개

- 각각의 통에 서로 다른 내용물을 채워 줍니다.
- 아이가 촉감에만 집중할 수 있도록 눈을 가리는 게 좋습니다.
- 아이의 손을 잡고 통에 담겨있는 여러 내용물의 촉감을 느낄 수 있도록 도와줍니다.
- 아이가 손에서 느껴지는 촉감을 말로 표현하게 합니다. (따뜻해, 차가워, 부드러워, 단단해, 물컹물컹해, 간지러워 등)
- 놀이가 끝나면 아이가 뚜껑을 덮고 상자에 모든 통을 정리하도록 합니다.

《 으앗! 엄마야! 간지럽고 부드러워.
간지러워 못 참겠어요! 》
레오 4세, 돌멩이를 만진 뒤

신비한 가방

이 놀이는 가방 안에 어떤 내용물이 있는지 맞추는 단순한 놀이입니다. 하지만 아이들이 굉장히 좋아하며, 아이들의 손가락 감각을 한층 더 발달시켜 줍니다.

준비물

- 상자
- 입구를 조일 수 있는 천으로 된 작은 가방
- 가방에 넣을 만한 여러 가지 물건들

- 아이에게 놀이 도구들을 미리 보여줄 필요는 없습니다.
- 여러 물건이 든 가방 안에 손을 넣어 만져지는 물건을 묘사해 봅니다. (찌른다, 부드럽다, 거칠다 등) 어떤 물건인지 맞춰 본 뒤 물건을 확인해 봅니다.
- 아이가 혼자 놀이를 해 보도록 합니다.
- 되도록 자주 가방 안의 내용물을 바꾸어 주는 게 좋습니다. 동물이나 계절 등 주제별로 내용물을 채울 수도 있습니다. 똑같은 물건을 2개씩 넣어 아이가 짝을 맞추도록 해도 재미있는 놀이가 됩니다.

이렇게 활용해 보아요!

18개월이나 2세 정도 되는 아이들을 위해서 가방 대신 티셔츠를 사용할 수도 있습니다. 티셔츠의 목 부분과 소매는 바느질해 막아 주고 아래쪽에는 지퍼나 찍찍이를 붙여 물건을 자유자재로 넣고 뺄 수 있도록 합니다. 아이가 옷에 손을 넣어 물건을 만지며 놀이하게 합니다.

《 예쁜 티셔츠로 신비한 가방을 만드는
작업은 매우 즐거웠어요. 아이들도 자신들에게
익숙한 물건을 만지고 다루는 걸
더 좋아하더라구요. 》

안느마리 아이돌보미

색깔 구슬 놀이

다양한 색깔의 구슬들이 아이들의 시각을
발달시키는 데 효과적인 놀이입니다.

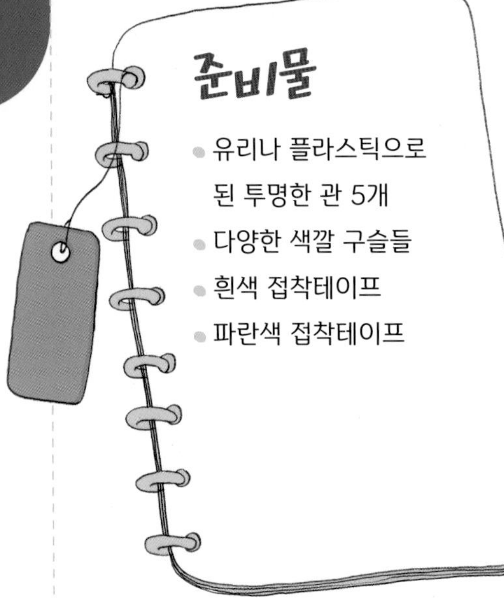

준비물

- 유리나 플라스틱으로 된 투명한 관 5개
- 다양한 색깔 구슬들
- 흰색 접착테이프
- 파란색 접착테이프

- 첫 번째 관을 원하는 색깔 구슬로 채워 줍니다.
- 관 위 쪽에 흰색 접착테이프를 붙입니다.
- 나머지 4개의 관 중에 하나는 첫 번째 관과 똑같은 색깔과 순서로 구슬들을 채우고 나머지 3개는 자유롭게 채워 줍니다. 구슬을 다 채웠으면 파란 접착테이프를 붙입니다.
- 아이에게 흰 접착테이프가 붙어 있는 관을 보여준 뒤 아이가 구슬 색깔을 차례대로 이야기할 수 있도록 도와줍니다.
- 다음에는 파란 접착테이프가 붙어 있는 관을 보여 줍니다. 흰 접착테이프가 붙어 있는 관과 같은 구슬이 들어 있는 것을 찾아보게 합니다.

tip

아이의 나이가 많을수록 관의 수를 늘리거나 구슬의 수를 늘려 줍니다.

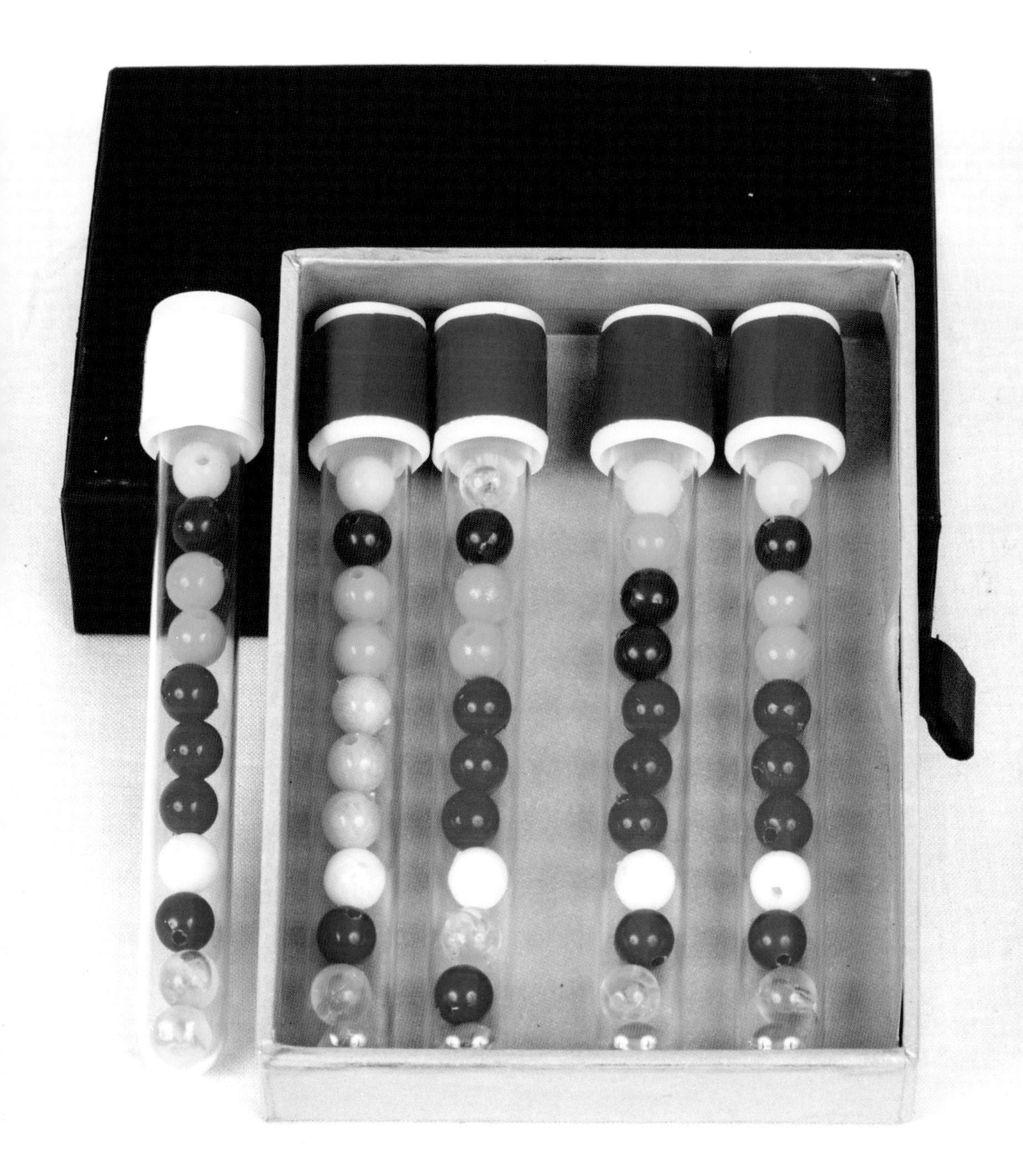

화장 놀이

**이 놀이는 아이들의 상상력을
풍부하게 할 뿐만 아니라 섬세함과
상대방에 대한 존중을 배울 수 있습니다.**

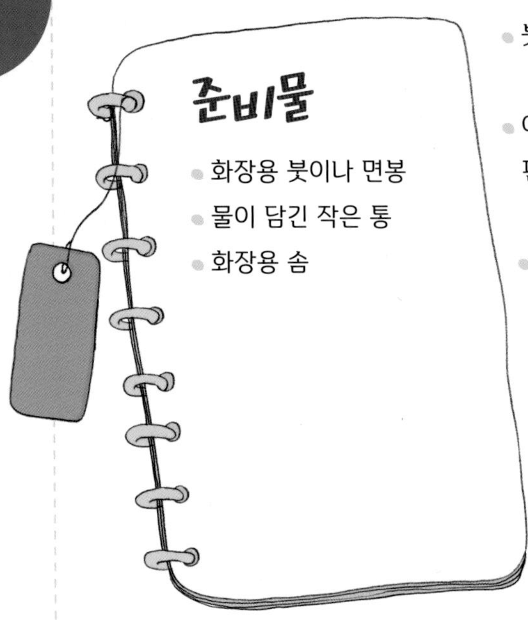

준비물

- 화장용 붓이나 면봉
- 물이 담긴 작은 통
- 화장용 솜

- 붓에 물을 묻혀 다른 친구의 얼굴에 원하는 그림을 그리도록 합니다.
- 아이 마음대로 꽃이나 동물 등 다양하게 그리면 됩니다. 다만 친구가 불편해 하지 않을 정도로만 그려야 합니다.
- 그림 그리는 것이 끝나면 화장용 솜을 이용해 얼굴에 묻은 물기를 닦아 내어 줍니다.

tip

물을 사용해 얼굴이 아닌 다른 곳에 그림을 그릴 수도 있습니다. 예를 들어 석판이나 나무로 된 판자 혹은 바위나 타일 위에 그림을 그릴 수도 있습니다.

반죽 놀이

반죽 놀이는 아이의 손바닥 촉감을 자극하기에 아주 좋은 놀이입니다. 반죽을 뭉치고 떼어 내고 주무르며 다양한 모양을 만들며 놀이합니다. 물론 반죽을 맛볼 수도 있습니다. 건강에 아무런 지장은 없지만 조금 짭짤할 겁니다.

준비물

- 소금
- 밀가루
- 미지근한 물 약간
- 식용유 한 스푼
- 반죽을 할 큰 그릇
- 랩

- 큰 그릇에 소금과 밀가루를 섞은 뒤 미지근한 물과 식용유를 부어 줍니다. 반죽이 될 때까지 손으로 재료들을 잘 섞고 치대어 줍니다.
- 반죽이 만들어 졌으면 랩으로 감싼 뒤 1시간 정도 숙성시킵니다.
- 숙성시킨 반죽을 조금씩 떼어내 여러 모양을 만들며 놀이합니다. 아이가 최대한 혼자 자유롭게 만들도록 하고, 아이가 도와달라고 할 때만 도와줍니다.
- 모양이 만들어진 반죽을 12시간 동안 숙성시킵니다.
- 100℃로 가열된 오븐에 반죽을 2시간 동안 구워 줍니다.
- 다 구워진 반죽에 색칠을 하며 놀이합니다.

tip

반죽을 굽기 전에 아크릴 물감이나 천연색소를 사용해 반죽에 색깔을 입혀줄 수도 있습니다.

맨발로 걷기

이 놀이는 아이들의 발바닥을 자극시켜 다양한 감각을 느낄 수 있도록 합니다.

준비물

- 나무나 플라스틱으로 된 통 4개
- 다양한 촉감의 내용물 4종류(모래, 부드러운 천, 밤, 물, 낙엽 등)
- 수건

- 통에 서로 다른 내용물을 채워 주고, 통들을 일렬로 연결해 놓습니다.

- 아이들 발이 다치지 않도록 날카로운 것은 없는지 살펴봅니다.

- 아이들이 놀이를 하기 전에 어떤 느낌인지 알 수 있도록 보호자가 먼저 해 보도록 합니다.

- 아이가 맨발로 내용물들을 밟으며 걷도록 합니다. 마지막 통 앞에 수건을 깔아 아이가 발을 닦을 수 있도록 합니다.

- 아이들은 각자 자기만의 속도로 걷습니다. 이때 발에서 느껴지는 촉감을 말이나 행동으로 표현하도록 합니다.(차갑다, 따뜻하다, 부드럽다, 거칠다, 아프다, 기분이 좋다 등)

- 아이들의 수와 나이에 따라서 통의 수를 늘려 줍니다.

tip

너무 어리지 않은 경우에 한하여 아이들에게 눈을 감고 걷도록 권해 봅니다. 눈을 가렸을 때는, 아이들이 둘씩 짝을 이루어 놀이를 하도록 합니다. 안전을 위해서이기도 하지만, 아이들이 상대방에 대한 신뢰를 쌓는데 도움이 됩니다.

M m N
SAMEDI
CHATEAU LAGRANGE
GRAND CRU CLASSÉ
ST JULIEN-MEDOC
CRD 2008
LES HAUTS DE PEZ
SAINT-ESTEPHE
CRD 2011

소보로를 품은 사과

이 요리법은 맛있고 보기에도 예쁜 음식을 재미있게 만들 수 있습니다. 그리고 아이들이 여러 종류의 사과를 접할 수 있게 해 줍니다. 또한 냄새 맡기 놀이를 통해 이미 접해 본 적이 있는 계피를 맛볼 수 있는 좋은 기회입니다.

- 사과 6개 (초록, 빨강, 핑크, 노란색 등 다양한 색의 사과)
- 계피 두 스푼
- 버터 125g
- 밀가루 150g
- 설탕 125g
- 아몬드 가루 125g
- 물과 설탕 100g

용기

- 사탕, 젤리, 마른 과일, 신선한 과일
- 이쑤시개
- 오목한 그릇

- 오븐을 210℃로 예열해 줍니다.
- 작은 숟가락으로 사과 속을 살살 긁어 파냅니다. 내용물은 따로 모아 준비된 버터, 계피와 함께 프라이팬에 익힙니다.
- 물과 설탕을 조려 시럽을 만들어 줍니다. 그리고 앞에 익혀 둔 사과 속을 시럽이 든 프라이팬에 넣어 줍니다.
- 오목한 그릇에 녹인 버터와 밀가루, 설탕, 아몬드 가루를 넣어 섞어 반죽을 만듭니다. 반죽을 조금씩 떼어내 동그랗게 만들어 숟가락을 사용하여 납작하게 눌러 줍니다.
- 15분간 익혀 소보로를 만들어 줍니다.

캐릭터 만들기

속이 빈 사과를 시럽에 섞어 둔 익힌 사과 속으로 채운 뒤 그 위에 소보로를 올려 줍니다. 이제 사과를 각자 자기만의 캐릭터로 꾸며 줍니다. 사과 겉면은 입 모양으로 파내어 줄 수도 있고 눈, 코, 귀 그리고 머리카락을 표현하기 위해 젤리나 사탕 그리고 과일 등 여러 재료를 자유롭게 사용합니다.

《 아이들이 여러 가지 맛을 맛보고 즐길 수 있도록 하기 위해 이 요리법을 개발했어요. 》

아망딘느 시쿠아 제빵사

인형의 집

**이 놀이는 아이들이 사진에서 보는 것과
실제 사물이 다르다는 걸 알 수 있게 해 줍니다.
아이들의 시각 발달에 도움이 됩니다.**

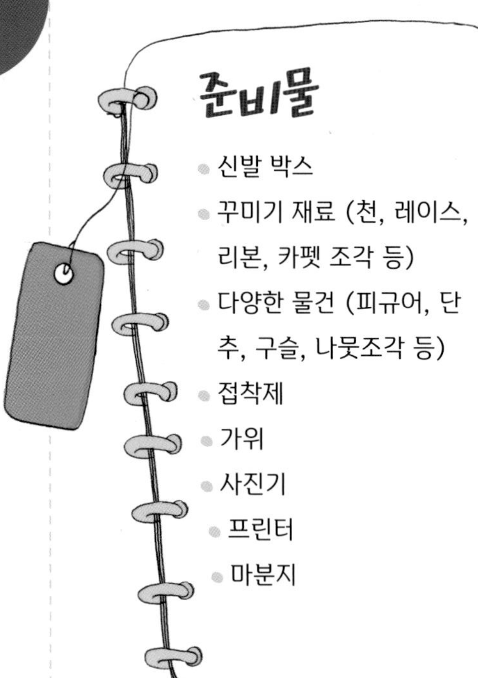

준비물

- 신발 박스
- 꾸미기 재료 (천, 레이스, 리본, 카펫 조각 등)
- 다양한 물건 (피규어, 단추, 구슬, 나뭇조각 등)
- 접착제
- 가위
- 사진기
- 프린터
- 마분지

- 각자 원하는 크기의 상자를 준비합니다. 테이블에 각자 준비한 준비물들을 놓습니다. 인형의 집은 방일 수도 있고 부엌이나 정원일 수도 있습니다.

- 천이나 종이로 박스 안쪽을 꾸밉니다.

- 다양한 물건들을 사용하여 인형의 집을 마음껏 꾸며 줍니다.

- 인형의 집이 완성되면 사진기로 사진을 찍습니다. 사진을 찍은 뒤, 인형의 집을 더 꾸미거나 물건의 위치를 바꾸는 등 변화를 줍니다.

- 사진을 출력해 마분지에 붙여 줍니다.

《 저는 잡지에서 볼 수 있는 다른 그림 찾기 놀이를 좋아해요. 마치 인형의 집 놀이와 같죠. 그런데 인형의 집이 더 재밌어요. 실제로 물건을 만질 수도 있고 사진과 실제 물건을 구별할 수 있거든요. 》

폴 8세

tip

아이들이 사진에서 보이는 인형의 집과 실제 인형의 집을 비교하는 놀이입니다. 사진과 실제 인형의 집을 비교해 보며 서로 다른 물건들을 찾아봅니다.

5장. 비교하고 분류하는 몬테소리 놀이

아주 어릴 때부터 아이들은 분류하는 것을 매우 좋아합니다. 이번 장에서는 아이들이 비교하여 분류하는 법을 배울 수 있는 놀이를 소개하고자 합니다. 아이들은 색깔, 모양, 재질, 크기에 따라 비교하고 분류하며, 시각적 변별력을 키울 수 있습니다.

기준에 맞춰 아이를 기르려고 하지 마세요.
내일은 오늘과 같지 않아요.
우리가 아이를 위해 할 수 있는 것은
아이가 스스로 세상에 적응하고
새로운 것을 창조할 힘을 길러 주는 거예요.
마리아 몬테소리

분홍 탑

아이가 물건을 크기별로 구분할 수 있도록 도와주는 놀이입니다. 또한 아이의 시각과 팔목 근육 그리고 집중력을 향상시키는 데 좋습니다.

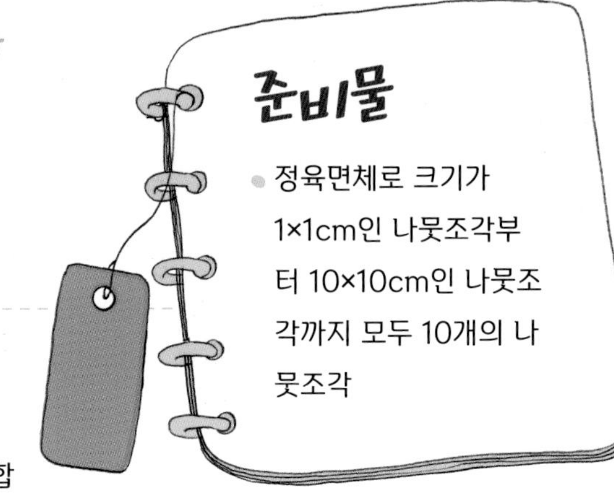

<연습 1>

- 아이에게 10개의 나뭇조각을 가져와 카펫에 놓도록 합니다.
- 나뭇조각을 하나씩 집어 다른 나뭇조각과 비교해 봅니다. 이 조각은 크다, 작다, 더 크다, 더 작다 등으로 표현합니다. 나뭇조각으로 탑을 쌓아 봅니다.
- 아이가 똑같이 할 수 있도록 도와줍니다.

<연습 2>

- 아이에게 가장 큰 나뭇조각과 가장 작은 나뭇조각을 골라 보라고 합니다. 가장 큰 나뭇조각을 가리키며 '이건 가장 큰 조각이야' 그리고 가장 작은 나뭇조각을 가리키며 '이건 가장 작은 거야'처럼 말로 표현해 줍니다.

<연습 3>

- 나뭇조각 하나를 선택하여 아이에게 이것보다 더 작거나 또는 더 큰 나뭇조각을 달라고 합니다.

조각 선택하기

장난감 가게에 가면 나무가 아니더라도 쌓을 수 있는 다양한 조각을 볼 수 있습니다. 조각을 선택할 때 색깔, 소리, 모양 등이 서로 다른 것은 아이들이 개념을 혼동할 수 있기 때문에 피하는 것이 좋습니다. 사각형이 아닌 원기둥 모양의 조각 쌓기도 좋습니다. 물론 다양한 크기로 이루어진 것을 구입해야 합니다. 나뭇조각의 크기에 따라 무게가 달라지는 것을 느낄 수 있어야 하므로, 안이 잘 채워져 있는 것을 구하도록 합니다.

《 분홍색 조각으로 탑을 만들었어요. 가장 큰 것부터 작은 것까지 쌓는 게 매우 재미있어요. 우선 가장 큰 조각을 놓고 다음에는 그것보다 작은 조각을 쌓아 줘요. 마지막에는 가장 작은 조각을 쌓죠. 》

칼 5세

파란 나무

이 놀이는 서로 다른 길이를 구별하고 비교하는 데 도움이 됩니다.

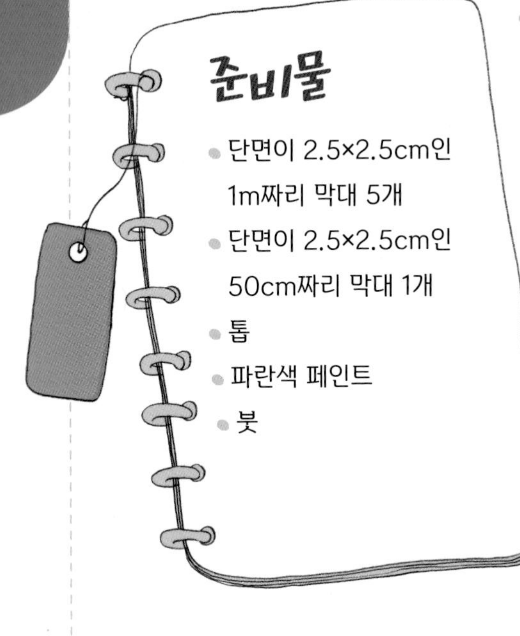

- 길이가 1m인 막대를 각각 10cm와 90cm가 되도록 두 개로 자릅니다. 두 번째 막대는 20cm와 80cm가 되도록 자릅니다. 다음에는 30cm와 70cm, 그 다음에는 40cm와 60cm가 되도록 잘라 줍니다.

- 그러면 길이가 10cm부터 1m에 이르는 10개의 나무 막대가 생깁니다. 각각의 나무 막대들은 순서대로 10cm씩 차이가 납니다.

- 모든 나무 막대들을 파란색 페인트로 칠해 줍니다.

- 10cm, 30cm, 50cm, 70cm, 90cm 막대들의 양쪽 끝부분을 빨간색 페인트로 칠합니다. 막대들을 차례대로 놓을 경우, 빨간색과 파란색이 번갈아가며 나오게 됩니다.

- 아이에게 막대들을 하나씩 가져와 카펫에 아무렇게나 놓으라고 합니다.

- 모아 놓은 막대 중에서 가장 긴 막대를 골라 카펫의 가장 왼쪽에 놓도록 합니다.

- 그 다음으로 긴 막대를 골라 가장 긴 막대 옆에 놓아 줍니다. 같은 방법으로 가장 작은 막대까지 놓도록 합니다. 아이가 길이에 맞게 바른 막대를 가져와 놓는지 잘 살펴보고 실수를 한 것 같으면 길이를 비교해 보라고 말해 줍니다.

- 이렇게 왼쪽에서 오른쪽까지 가장 긴 막대부터 가장 짧은 막대가 놓였습니다.

- 막대를 사용해 가구나 아이의 키를 재어 볼 수도 있습니다. 아이들 스스로 막대를 사용해 키를 잴 수 있으며, 다양한 가구에 대어 보며 막대가 더 긴지 가구가 더 긴지 비교해 보며 놀이합니다.

마트료시카

마트료시카는 어떤 아이들이나 놀라워하는 놀잇감입니다. 뿐만 아니라 아이들이 크기의 서열화 개념을 배울 수 있게 도와줍니다.

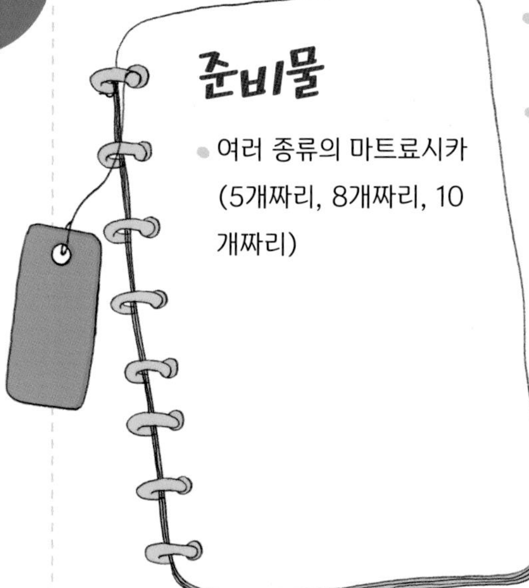

준비물

- 여러 종류의 마트료시카 (5개짜리, 8개짜리, 10개짜리)

- 아이에게 러시아 인형에 대해 설명해 줍니다.
- 아직 분리하지 않은 마트료시카를 흔들어 아이에게 소리를 들려 줍니다. 아이들의 눈이 호기심으로 반짝거릴 것입니다. 그리고 첫 번째 마트료시카를 벗깁니다. 그 안에 첫 번째 것과 똑같이 생긴 조금 작은 마트료시카가 있는 것을 보고 아이들은 깜짝 놀랄 겁니다.
- 마트료시카를 하나씩 벗겨 줍니다. 아이들은 언제까지 인형이 나올지 몰라 흥미롭게 지켜볼 것입니다. 인형을 벗길 때마다 일렬로 세워 크기가 한눈에 보이도록 합니다. 가장 큰 것부터 작은 것까지 순서대로 놓습니다.
- 놀이가 끝나면 가장 작은 인형부터 큰 인형까지 다시 제자리에 넣어줍니다. 어린아이들이 작은 인형을 삼키지 않는지 항상 주의를 기울여야 합니다.

•마트료시카

나무로 만든 러시아 전통 인형입니다. 몸체 속에 똑같이 생긴 조금씩 작은 인형이 여러 개 들어있습니다. 러시아어로 어머니를 뜻하는 '마티'에서 나온 이름으로, 인형에 주로 여자가 그려진 경우가 많습니다. 다산과 풍요를 기원하는 것으로 알려져 있습니다.

이렇게 활용해 보아요!

일상생활에서 사용되는 물건들로 비슷한 놀이를 할 수도 있습니다. 예를 들어 크기가 다양한 반찬통으로 크기가 점점 커지거나 작아지는 것을 보여줄 수 있습니다.

《 마트료시카를 하나씩 열 때마다 아이들에게 동요를 불러줘요. 》

베아트리스 유치원 교사

저금통 놀이

이 놀이는 2세 이상의 아이들이 매우 좋아하는 놀이 중 하나입니다. 손가락 유연성을 발달시켜 주며 집중력과 색깔 구분 능력을 길러 줍니다.

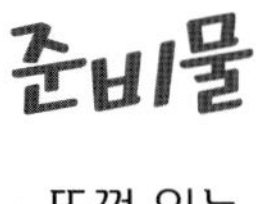

준비물

- 뚜껑 있는 플라스틱 통 2개
- 작은 병뚜껑 여러 개 (두 종류의 색깔로 준비)
- 색깔 있는 접착테이프

- 플라스틱 통 뚜껑 가운데 구멍을 내어 작은 병뚜껑이 통과할 수 있도록 합니다.
- 플라스틱 통 뚜껑에 잘라낸 부분 모서리에 접착테이프를 감싸 아이들이 다치지 않도록 합니다.
- 뚜껑을 어떻게 플라스틱 통에 넣는지 보여 줍니다. 아이가 혼자 해 보도록 합니다.
- 충분히 놀이에 적응되었다면 두 번째 플라스틱 통을 준비합니다. 이번에는 뚜껑 색깔을 구분해서 각각 다른 통에 넣도록 합니다. 파란색 뚜껑은 파란색끼리 빨간색 뚜껑은 빨간색끼리 모으도록 합니다.

tip

플라스틱 통 대신 분유통을 사용할 수도 있습니다.

이렇게 활용해 보아요!

만약에 아이가 이 놀이에 흥미를 보이면 다른 통으로도 놀이해 봅니다. 송곳으로 뚜껑에 구멍을 뚫어 이쑤시개를 꽂아 넣어도 재미있습니다. 이때 이쑤시개의 날카로운 부분은 아이들이 다치지 않도록 미리 잘라내어 줍니다.

소금 놀이

이 놀이는 체를 사용하여 굵은 소금과 고운 소금을 분리하는 간단한 놀이이지만, 아이들은 무척 흥미로워 합니다.

준비물

- 쟁반
- 고운 소금
- 굵은 소금
- 국자
- 체
- 우묵한 큰 그릇
- 그릇 2개
- 작은 쓰레받기와 빗자루

- 우묵한 큰 그릇에 고운 소금과 굵은 소금을 섞어 줍니다.
- 소금이 담긴 우묵한 그릇과, 빈 그릇 2개, 체, 국자를 쟁반 위에 준비해 줍니다.
- 아이가 보는 앞에서 소금을 한 국자 퍼 밑에 그릇을 두고 체에 걸러 줍니다. 채에는 굵은 소금만 남아 있고 고운 소금은 밑의 그릇으로 떨어집니다.
- 체에 남은 굵은 소금은 나머지 빈 그릇에 넣어 줍니다.
- 이번에는 아이가 혼자 해 보도록 합니다.
- 소금이 쟁반이나 바닥에 떨어졌을 때, 빗자루와 쓰레받기를 사용하여 어떻게 쓸어 담는지 아이에게 보여 줍니다.

《 소금 놀이는 매우 재밌어요.
한 번은 진짜 소금인지 알아보려고
맛을 본 적이 있어요. 그리고 체를 사용하여
고운 소금을 걸러 냈어요. 》

바스티안 4세

구슬 놀이

이 놀이를 통해 아이들은 색깔을 구별하고 분류하는 법을 배울 수 있습니다.

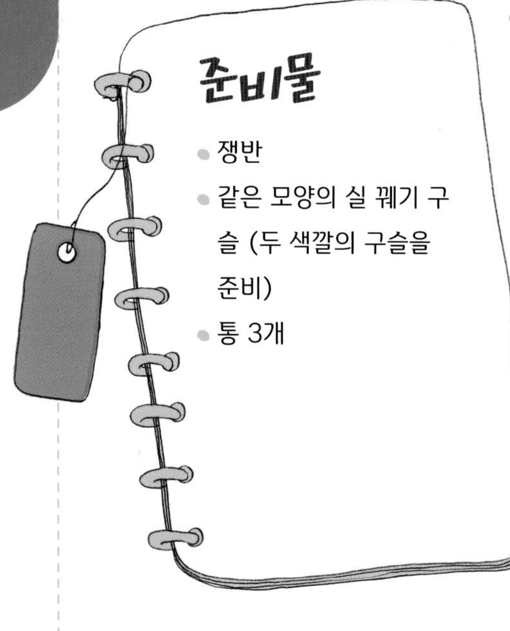

- 모든 구슬을 한 통에 모아 줍니다.
- 쟁반에 통들을 놓아 줍니다.
- 통 두 개에 색깔별로 구슬을 넣어 줍니다. 빨간색은 빨간색끼리 파란색은 파란색끼리 모아 줍니다. 각각의 통 안에 구슬들이 같은 색깔끼리 모여 있는 것을 아이에게 보여 줍니다.
- 아이가 놀이에 적응하였다면 점차적으로 색깔을 늘리도록 합니다.
- 놀이가 끝나면, 아이에게 어떻게 구슬을 정리하는지 보여 줍니다.
- 이제 아이가 도구들을 어떻게 사용하는지 익혔으니, 아이가 원할 때 혼자 가지고 놀도록 합니다.

tip

색깔이 다른 구슬을 사용하지 않고 형태가 다양한 구슬을 사용할 수도 있습니다.

장난감 정리하기

이 놀이를 통해 아이들은 비슷하거나
같은 범주의 물건 분류를 배울 수 있습니다.

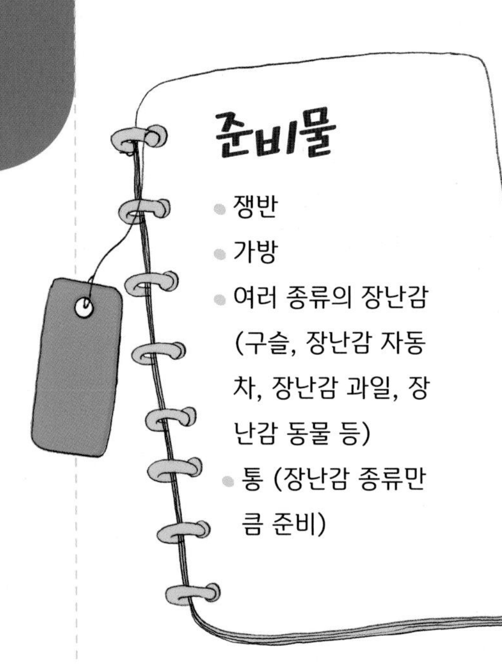

준비물

- 쟁반
- 가방
- 여러 종류의 장난감 (구슬, 장난감 자동차, 장난감 과일, 장난감 동물 등)
- 통 (장난감 종류만큼 준비)

- 준비된 장난감을 쟁반에 놓아 줍니다.
- 아이에게 같은 범주에 속하는 장난감을 구별하여 따로따로 통에 담으라고 합니다.
- 모든 장난감을 분류하였다면 다음 놀이를 위해 가방에 장난감들을 정리하도록 합니다.

재료 구하기

장난감을 정리하는 가방을 따로 구매하지 않아도 됩니다. 이불이나 베개를 구입했을 때 받은 투명한 이불 보관 가방을 재활용하거나 수영복 가방을 사용할 수도 있습니다. 수가 많으면 많을수록 장난감을 종류별로 구분해서 보관하는 데 편리합니다.

단추 정리하기

아이가 단추를 삼킬 수 있으니 항상 보호자가
지켜보는 가운데 놀이를 해야 합니다.
이 놀이를 통해 다양한 색깔과 모양의 단추들을 보고
만지며 아이의 시각과 촉각이 발달할 수 있습니다.

준비물

- 쟁반
- 여러 종류의 단추들
- 단추 종류만큼의 그릇
- 단추가 잘 정리되어 있는 사진(아이가 사진을 보고 어른의 설명 없이도 스스로 놀이를 할 수 있도록 준비하는 것입니다.)

- 쟁반에 단추를 섞어 놓습니다.
- 아이가 단추들을 같은 것들끼리 분류하여 각각 다른 그릇에 담을 수 있도록 합니다.
- 놀이가 끝나면 도구들을 정리해 줍니다.

tip

아이가 놀이에 익숙해지면 단추의 종류를 늘려 갑니다. 그리고 단추 대신 팥이나 다양한 종류의 콩들로 같은 놀이를 할 수도 있습니다.

가라앉거나 뜨거나

이 놀이는 아이들이 매우 좋아하는 놀이 중 하나입니다. 어떤 물건이 물에 가라앉고 어떤 물건이 물 위에 뜨는지 관찰할 수 있습니다. 놀이를 하며 자연스럽게 부력의 개념을 배울 수 있습니다.

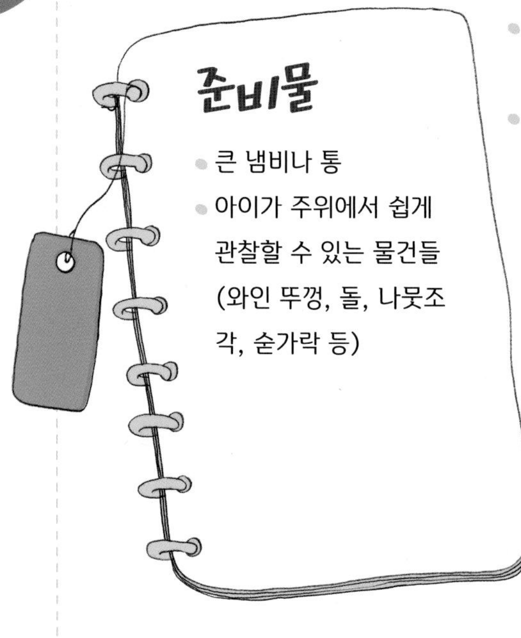

준비물

- 큰 냄비나 통
- 아이가 주위에서 쉽게 관찰할 수 있는 물건들(와인 뚜껑, 돌, 나뭇조각, 숟가락 등)

- 큰 통을 물로 채워 줍니다.
- 준비한 물건들을 테이블에 올려 두고 아이에게 하나를 고르라고 합니다.
- 아이가 선택한 물건을 물 위에 띄우도록 합니다. 그리고 물건이 물 위에 뜨는지 가라앉는지 관찰합니다. 만약 가라앉는다면 천천히 가라앉는지 빠르게 가라앉는지 구별해 보도록 합니다. 빨리 가라앉을수록 무거운 물건이고 천천히 가라앉을수록 가벼운 물건인 것을 설명해 줍니다.
- 다른 물건으로도 똑같이 반복해 봅니다.
- 아이가 새로운 물건을 찾을 때마다 실험해 보면 좋습니다.

tip

대형 여객선은 무겁지만 물에 뜨고 조약돌은 가볍지만 물에 가라앉습니다. 부력은 물건의 질량이 아니라 형태와 관련이 있음을 아이에게 설명해 줍니다. 예를 들어 동그란 점토는 물에 가라앉지만 점토를 납작하게 만들어 마치 배처럼 만들면 물 위에 뜨는 것을 보여 줍니다.

이렇게 활용해 보아요!

여름이 되면 야외에 튜브 풀장을 설치하여 정원에서 찾을 수 있는 돌이나 호두 껍질 등 다양한 물건들로 같은 놀이를 해 봅니다. 물놀이는 항상 어른들이 지켜보는 가운데 할 수 있도록 합니다.

생물과 무생물

실제 식물이나 인형 또는 사진에 표현된 것이 살아있는 것인지 아닌지 구별하는 법을 배울 수 있습니다.

준비물

- 박스 2개
- 생물과 무생물이라고 적혀 있는 이름표 2개
- 주위에서 쉽게 접할 수 있는 여러 가지 물건들 (나뭇잎, 과일이나 채소 장난감, 동물 장난감, 연필, 뚜껑, 돌멩이 등)

- 박스 두 개에 생물 그리고 무생물이라고 적혀 있는 이름표를 각각 붙여 줍니다.
- 아이가 여러 물건 중 하나를 골라 그 물건에 대해 묘사하도록 합니다.
- 아이가 고른 물건이 생물에 속하는지 무생물에 속하는지 예상할 수 있도록 여러 질문을 합니다. (아이가 고른 것을 어디에서 볼 수 있는지, 스스로 움직이는지, 영양분을 섭취하는지 등)
- 아이에게 물건을 생물과 무생물로 나누어진 두 개의 박스 중 적절한 박스에 넣으라고 합니다.
- 두 개의 박스를 정해진 장소에 두고, 아이가 자유롭게 물건들을 박스에 채울 수 있도록 합니다.

놀이 전에 해야 할 것

이 놀이를 하기 전에 아이와 산책을 하며 밖에서 볼 수 있는 여러 물건들을 관찰하는 시간을 가지면 좋습니다. 돌멩이, 나무, 꽃, 새, 달팽이, 자동차 등을 보여 주며, 아이에게 생물 또는 무생물 중 어떤 범주에 속하는지 물어봅니다. 아이가 생물과 무생물에 대해 잘 이해할 수 있도록 생물은 살아있으며, 자라나고, 영양분을 섭취하고, 번식하고 죽는 등 일련의 과정을 겪는 것을 설명해 줍니다. 반대로 돌멩이는 그렇지 않다는 걸 알려 줍니다.

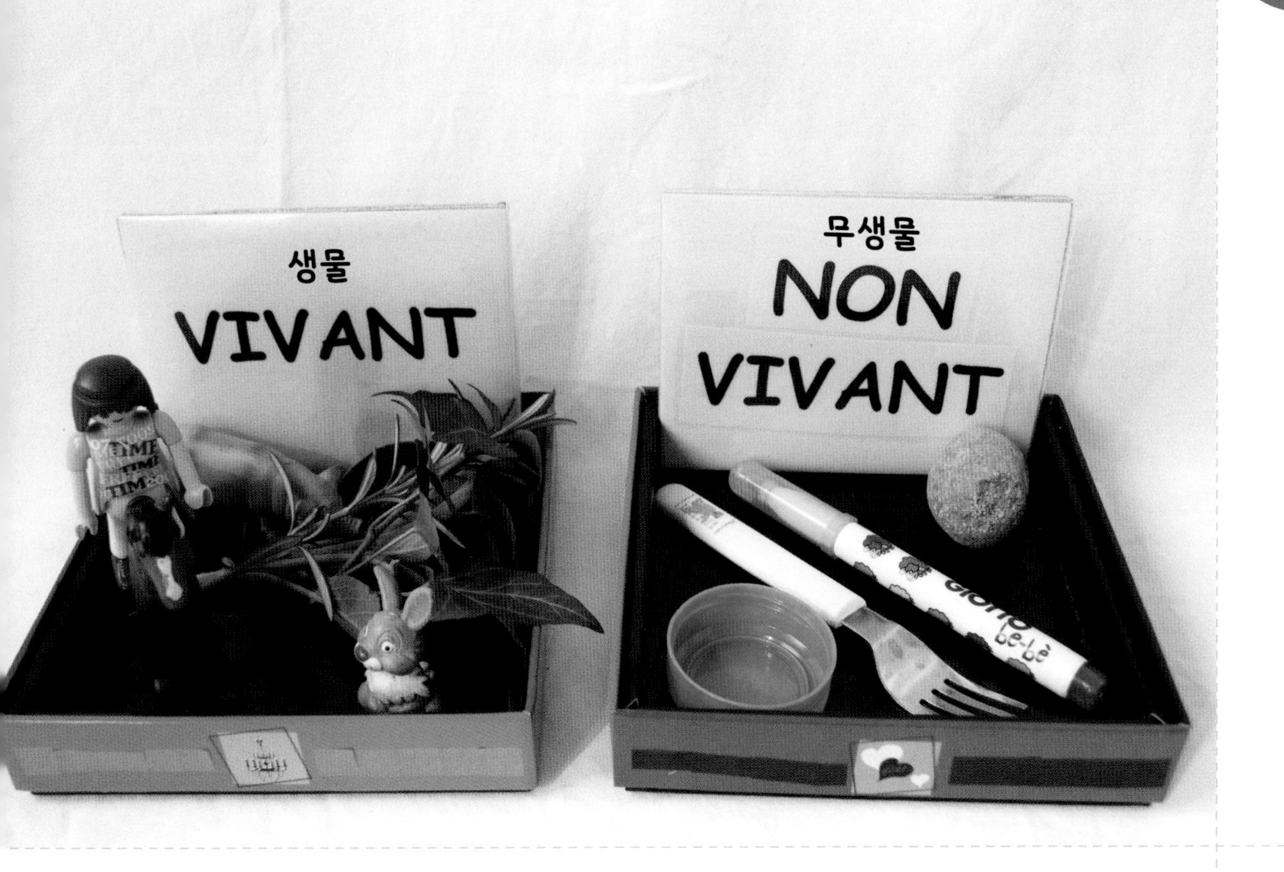

거칠거나 부드럽거나

여러 재질의 물건들을 만져 보면서
아이의 촉각 발달에 도움이 되는 놀이입니다.
또한 다양한 방법으로 물건들을 만져 보고
분류하는 법을 배울 수 있습니다.

준비물

- 박스 2개
- 촉감이 부드럽거나 거친 두 종류의 물건들 (천, 인형, 화장용 솜, 깃털, 수세미, 부직포, 나무껍질 등)
- 바구니
- '부드럽다' '거칠다'고 적혀 있는 이름표 2개

- 이름표를 박스 두 개에 각각 붙여 줍니다.
- 준비한 물건들을 모두 바구니에 담아 둡니다.
- 아이가 물건들을 충분히 관찰하고 만져 보는 시간을 갖도록 합니다.
- 아이가 물건들을 촉감에 따라 분류하여 두 박스에 담도록 합니다. 한쪽에는 부드러운 물건들을 다른 한쪽에는 거친 촉감의 물건들이 쌓일 것입니다.

이렇게 활용해 보아요!

종이 위에 아이들이 부드럽거나 거친 질감을 표현할 수 있도록 해 봅니다. 아이들은 부드러운 느낌을 표현하기 위해 매끄러운 선을 그릴 수도 있고, 종이 위에 풀을 칠하고 그 위에 모래를 뿌려 거친 촉감을 표현할 수도 있습니다.

6장. 집게를 활용한 몬테소리 놀이

아이들은 부모님이 빨래집게를 사용해 빨래를 너는 것을 관찰하거나 도와주는 것을 좋아합니다. 하지만 많은 아이들이 손가락 힘이 부족하여 빨래집게 사용하는 것을 어려워합니다. 앞으로 소개될 놀이들을 통해 아이들의 손가락 근육을 발달시킬 수 있으며, 아이들에게 얼마나 다양한 종류의 집게가 있는지 소개하고 어떻게 이 집게들을 사용하는지 가르쳐 줄 수 있습니다.

집중하는 아이들은
매우 행복하다.
마리아 몬테소리

집게로 옮기기

집게를 사용하여 조개껍질을 옮겨 담는 연습을 합니다. 손가락 근육 발달에 효과적인 놀이입니다.

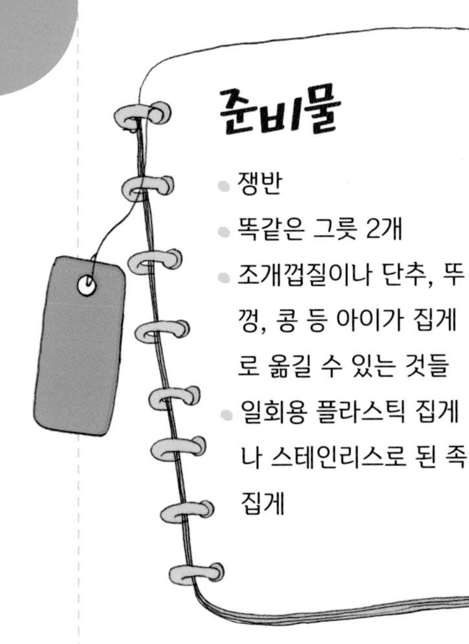

준비물

- 쟁반
- 똑같은 그릇 2개
- 조개껍질이나 단추, 뚜껑, 콩 등 아이가 집게로 옮길 수 있는 것들
- 일회용 플라스틱 집게나 스테인리스로 된 족집게

- 쟁반에 집게와 그릇 두 개를 준비합니다. 왼쪽에는 빈 그릇을 오른쪽에는 조개껍질들이 채워진 그릇을 놓습니다.
- 집게를 사용하여 오른쪽에서 왼쪽으로 조개껍질을 옮겨 줍니다. 집게를 사용할 때, 아이에게 움직임을 자세히 보여 주는 것을 잊지 않도록 합니다.
- 모든 조개껍질을 옮긴 뒤, 왼손으로도 똑같이 해 봅니다.
- 아이가 스스로 해 보도록 합니다.
- 놀이가 끝나면 아이가 모든 재료들을 정리하도록 합니다.

tip

각설탕용 집게, 얼음용 집게 등 다양한 집게를 활용하면 더 재미있게 놀이할 수 있습니다.

《 각설탕용 집게를 가지고
노는 걸 좋아해요. 마치 동물이
발톱으로 물건을 집는 것 같아요. 》
리지아 4세

호두 상자 놀이

이 놀이는 손가락과 손목의 운동신경을 발달시키는 데 도움이 됩니다.

준비물

- 여러 칸으로 나누어져 있는 통
- 호두
- 다양한 집게 (두꺼운 집게, 작은 집게, 나무로 된 집게, 플라스틱으로 된 집게 등)

- 집게를 사용해 칸 하나에 호두 하나씩 채워 줍니다. 오른손으로도 해 보고 왼손으로도 해 봅니다.
- 아이에게 “호두를 ‘호두 집’에 넣어 주자.”라고 말해 줍니다.
- 아이가 모든 칸을 호두로 채우면 통을 치우도록 합니다.
- 아이가 능숙하게 집게를 사용한다면 다른 종류의 집게를 사용해 같은 놀이를 반복해 봅니다.

이렇게 활용해 보아요!

호두 대신 헤이즐넛이나 달팽이 껍데기 혹은 플라스틱 병뚜껑을 사용해도 됩니다. 조금 더 큰 아이들을 위해서는 다양한 크기의 콩을 사용하는 것도 좋습니다.

밤 집기 놀이

이 놀이는 아이들의 손가락 유연성을 높이는 데 도움이 됩니다.

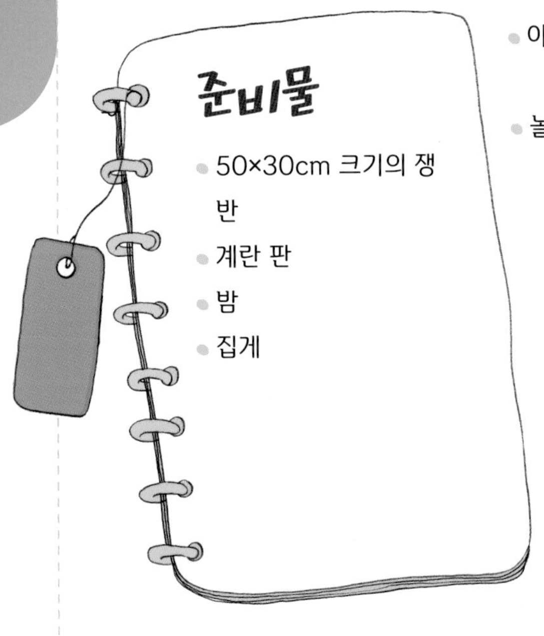

준비물

- 50×30cm 크기의 쟁반
- 계란 판
- 밤
- 집게

- 아이가 집게로 밤을 하나씩 집어 계란 판 구멍에 넣도록 합니다.
- 놀이가 끝나면 아이와 함께 정리해 줍니다.

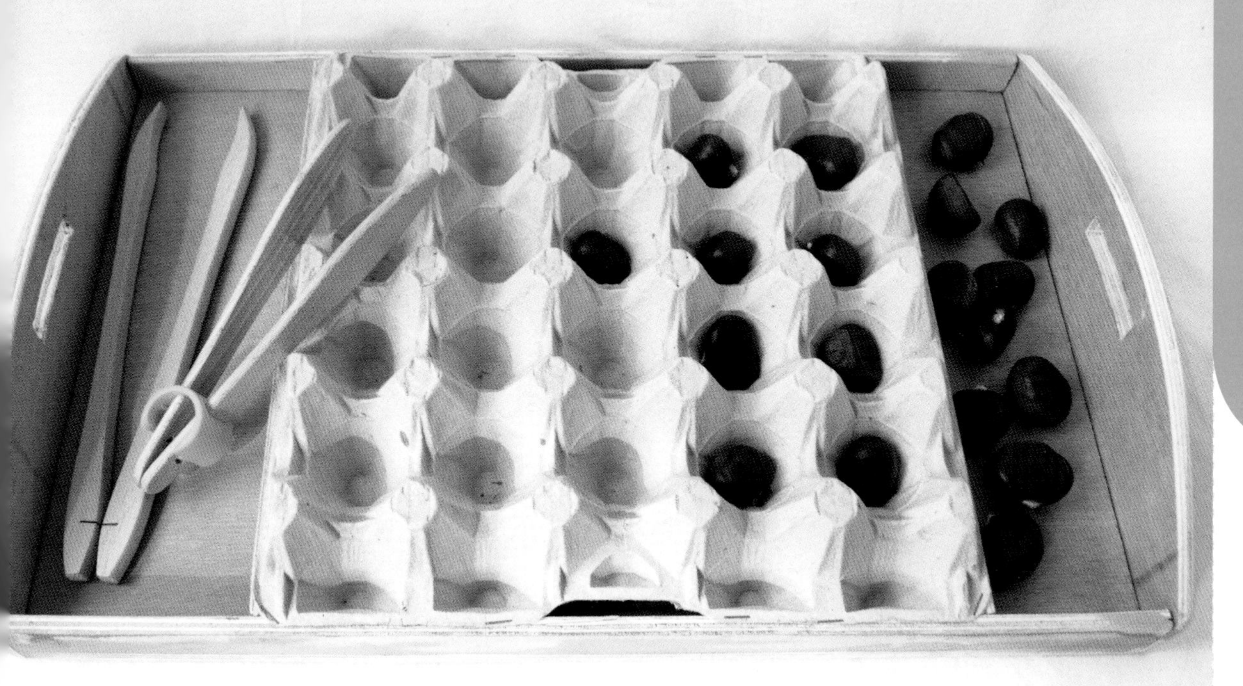

《 사용하고 남은 나무나 다른
재료들로 아이들을 위한 놀이 도구
만드는 것을 좋아합니다.
어느 것도 버릴 게 없죠. 》
프레도 목수

tip

계란 판을 나무 쟁반 중앙에 고정시켜 주어 양옆에 하나의 칸이 만들어 지도록 만듭니다. 한쪽에는 집게를 다른 한쪽에는 밤을 정리하여 놀이하면 좋습니다.

빨래집게 놀이

빨래집게 놀이는 일상생활에서 쉽게 접할 수 있어,
아이들이 특히 좋아하는 놀이입니다.
빨래집게 놀이를 통해 아이들의 손가락 힘을
길러 줄 수 있습니다.

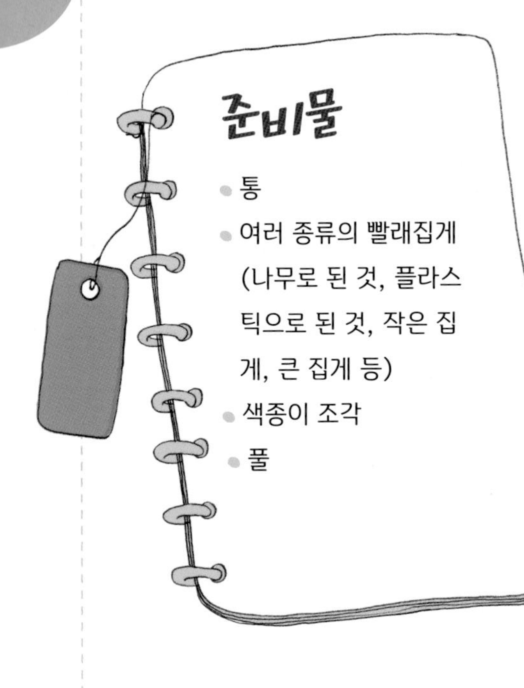

준비물

- 통
- 여러 종류의 빨래집게 (나무로 된 것, 플라스틱으로 된 것, 작은 집게, 큰 집게 등)
- 색종이 조각
- 풀

- 색종이 조각들을 풀을 이용해 빨래집게에 붙여 줍니다.
- 아이에게 빨래집게 잡는 방법과 집게를 벌리고 닫는 방법을 가르쳐 줍니다.
- 통 가장자리에 집게들을 집어 줍니다. 아이가 빨래집게를 색깔별로 혹은 크기별로 나열하도록 합니다.
- 놀이가 끝나면 아이가 빨래집게를 통에 정리하도록 합니다.

tip
아이가 놀이에 익숙해지면 집게의 종류를 늘려 가며 놀이합니다.

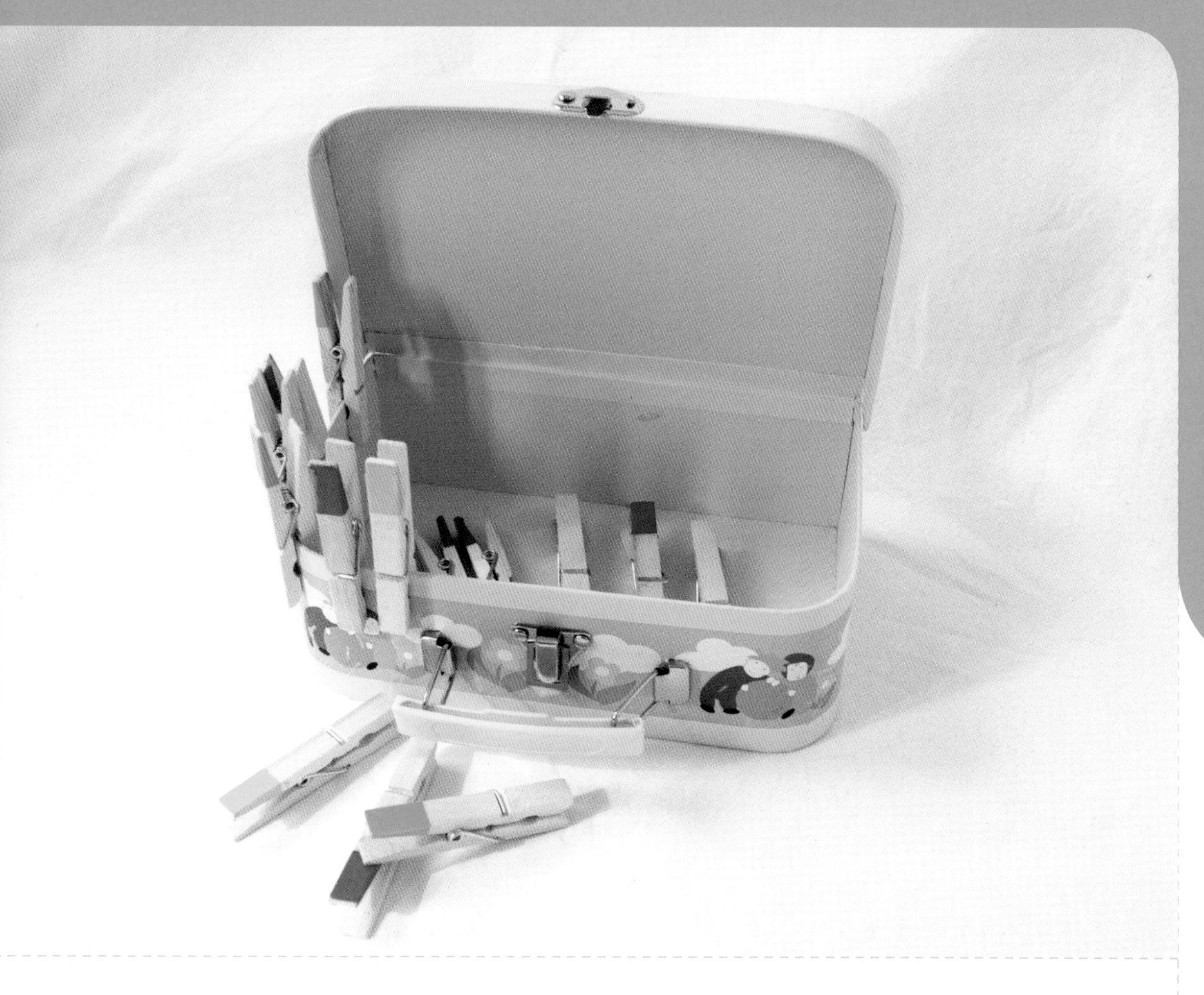

빨래집게로 꽃 만들기

빨래집게를 사용하여 여러 가지 모양을 만들며 놀이합니다.

준비물

- 빨간색 마분지
- 초록색 마분지
- 빨간색 부직포
- 가위
- 작은 빨래집게(초록색, 빨간색)

- 빨간색 마분지를 동그랗게 자르고 초록색 마분지는 식물 줄기 모양으로 자릅니다.
- 빨간색 부직포를 꽃잎 모양으로 잘라 줍니다.
- 아이에게 준비된 마분지와 부직포, 빨래집게를 사용하여 어떻게 꽃 모양을 만드는지 보여 줍니다.
- 아이가 자유롭게 만들어 보도록 합니다.

이렇게 활용해 보아요!

꽃 외에 집, 자동차 등 다양한 모양을 만들 수 있습니다. 여러 종류의 집게를 활용하면 더욱 다양한 놀이를 할 수 있습니다. 예를 들어 해를 표현하고 싶다면 노란 마분지를 동그랗게 자른 뒤 노란 빨래집게로 햇빛을 표현할 수 있습니다.

자석 놀이

이 놀이를 통해 아이들은 어떻게 자석을 사용하는지 배울 수 있습니다.

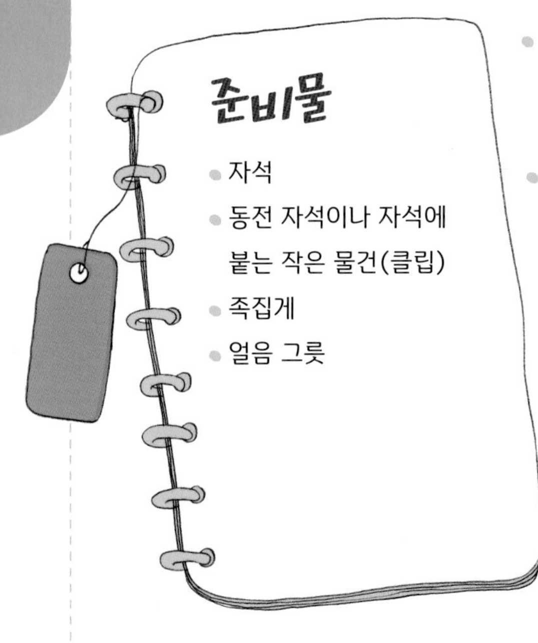

준비물

- 자석
- 동전 자석이나 자석에 붙는 작은 물건(클립)
- 족집게
- 얼음 그릇

- 얼음 그릇에 동전 자석을 하나씩 담아 줍니다. 처음에는 아이들에게 손가락을 사용하게 하고 점차적으로 족집게를 사용하도록 합니다.

- 얼음 그릇이 다 채워졌다면 자석을 사용해 동전 자석을 하나씩 꺼내 줍니다.

《 마술 같아요!
동전이 저절로 올라와요! 》

발렌틴 3세

7장. 알록달록, 색깔 몬테소리 놀이

여러 색깔을 알아보고 구분하는 능력을 가지려면 다양한 색의 물건들을 사용하고 만져 보고 분류하고 관찰하고 맛보는 과정이 필요합니다. 이번 장에서는 아이들의 시각 능력을 길러주는 놀이들로 구성되어 있습니다.

아이들의 성장은
일련의 출생과도 같은 것이다.
마리아 몬테소리

색깔 찾기

이 놀이를 통해 다양한 색깔에 대해 알아보고 구분하는 법을 배울 수 있습니다.

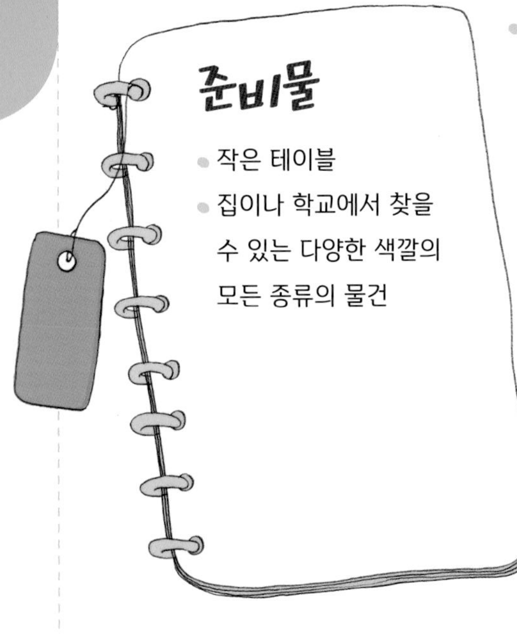

준비물

- 작은 테이블
- 집이나 학교에서 찾을 수 있는 다양한 색깔의 모든 종류의 물건

- 아이에게 책이나 학용품의 색깔 중 하나를 가리키라고 합니다. 그리고 바깥이나 집 안 혹은 교실에서 똑같은 색깔을 가진 여러 물건들을 찾아보라고 합니다.

- 아이가 찾아온 물건들을 테이블에 모아 줍니다. 아이가 색을 충분히 관찰하고 다른 물건을 더 모을 수 있도록 약 3주 동안 테이블을 치우지 않고 둡니다.

- 아이가 충분히 그 색깔의 물건들을 채웠을 때, 색깔을 바꿔 똑같은 놀이를 해 봅니다.

tip

레오 리오니 작가의 책 <파랑이와 노랑이 Little Blue and Little Yellow>나 알렉스 샌더스의 책 <루루의 색깔 여행 Toutes les couleurs>, 다비스 맥의 <Elmer>, 제롬 뤼이에의 <색깔있는 사람 Homme de couleur> 그리고 마리 엘렌느 플라스의 <Balthazar et les couleurs> 등 색깔이 나오는 다양한 책들을 아이에게 보여 줍니다.

색깔별로 붙이기

이 놀이는 아이들이 색깔을 알아보는 데 도움이 될 뿐만 아니라, 종이를 자르고 붙이는 연습도 할 수 있습니다.

준비물

- 같은 계열 색깔의 색 종이
- 같은 계열 색깔의 다양한 물건들 (단추, 물병 뚜껑, 천 등)
- 접착제
- 큰 붓
- 두꺼운 흰색 종이

- 테이블에 비슷한 색 계열의 종이와 물건들을 모두 모아 줍니다. 색종이는 아이들이 마음껏 자르게 합니다.
- 두꺼운 흰 종이에 큰 붓을 사용하여 접착제를 발라 줍니다.
- 색종이든 물건이든 아이가 원하는 것을 마음껏 붙여 줍니다.
- 아이들의 작품을 전시합니다.

《 오늘은 파란색으로 종이를
채웠어요. 아주 멋있죠.
내일은 빨간색들을 붙일 거예요. 》
플라비 4세

색깔 구별하기

이 놀이는 서로 다른 색깔들을 구분하고
분류하는 연습을 도와줍니다.

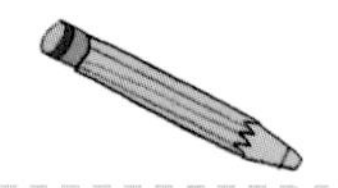

준비물

- 색깔이 다른 작은 통 6개
- 색연필, 수성펜, 분필 등

- 아이가 다양한 색깔 펜들을 같은 색의 통에 분류하여 꽂도록 합니다.

tip

다 먹고 남은 잼 통을 사용하면 편리합니다. 색깔별로 종이테이프를 병에 붙여 구분해 줍니다.

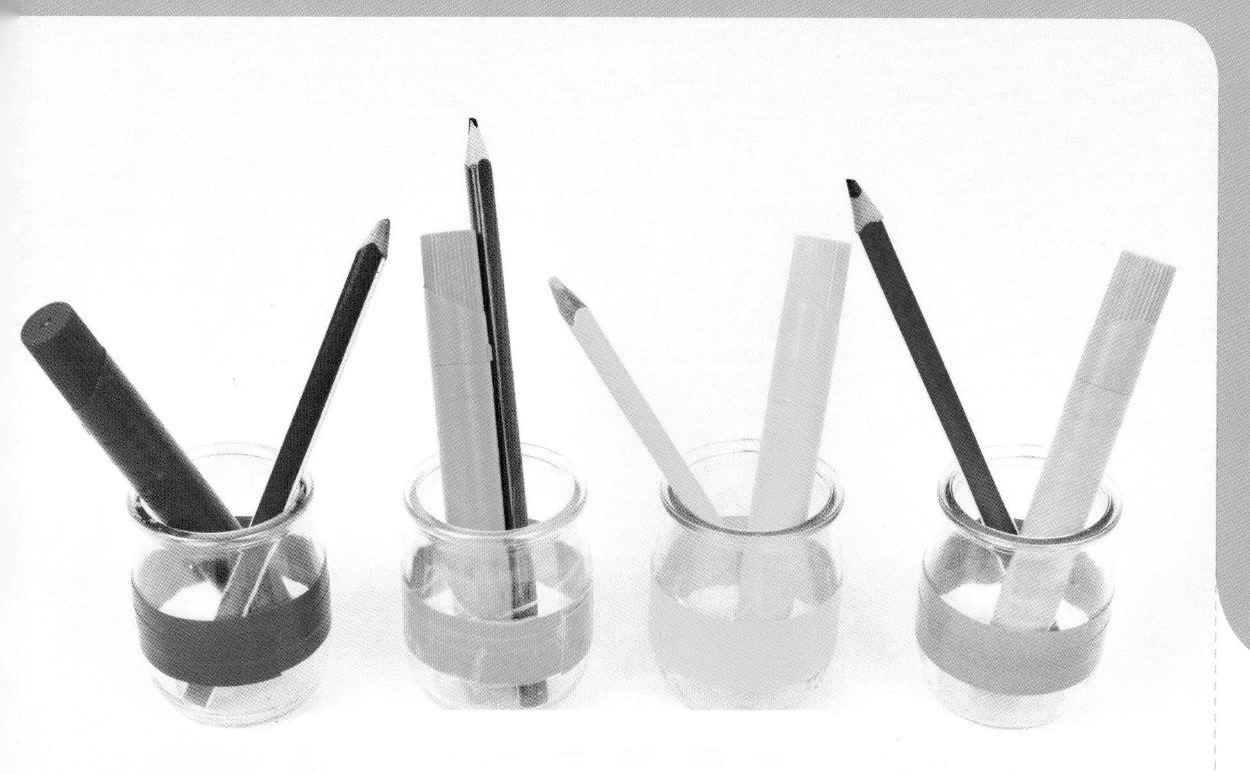

《 투명한 플라스틱 컵을 구해 색을 입혔어요.
아이들은 서로 색이 다른 펜들을 잘 분류했어요.
알리스(3세)는 '컵들이 정말 예뻐요!'라고 소리쳤어요. 》

소피 아이돌보미

그라데이션

이 놀이는 여러 색을 사용해 색이 점점 진해지거나 연해지는 그라데이션을 배울 수 있습니다.

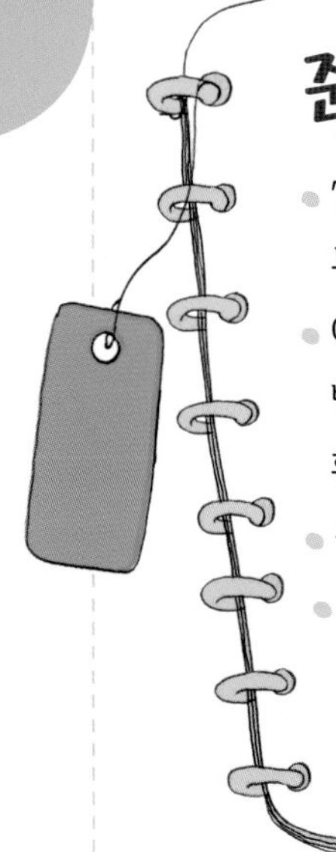

준비물

- 7×4cm 나뭇조각이나 두꺼운 종이 30개
- 아크릴물감 7개 (파랑, 빨강, 노랑, 초록, 주황, 보라, 하얀색)
- 붓
- 동그란 나뭇조각이나 두꺼운 종이 (흰색으로 준비)

- 나뭇조각 하나를 색칠합니다. 색이 더 진하게 보이도록 한 번 더 덧칠해 줍니다.
- 두 번째 나뭇조각은 흰 물감을 약간 섞어 첫 번째 나뭇조각보다 조금 더 연한색이 되도록 합니다. 세 번째 나뭇조각은 흰 물감을 더 추가해 두 번째 나뭇조각보다 더 연한 색이 나오도록 색칠해 줍니다.
- 위와 같은 과정을 다른 색으로도 반복해 줍니다. 그러면 모두 여섯 색깔의 그라데이션을 얻을 수 있습니다.
- 아이에게 파란색, 노란색, 빨간색의 나뭇조각을 보여 주며 색깔 이름을 알려 줍니다.
- 다음엔 아이에게 파란색, 노란색, 빨간색을 보여 달라고 합니다.
- 마지막으로 아무 색이나 고른 뒤, 아이에게 '이건 무슨 색깔일까?' 물어봅니다.
- 위와 같은 행동을 반복하여 아이가 여러 색깔들의 이름을 알고 구분하게 합니다.
- 아이가 모든 색을 구분하게 되면 색칠해 둔 나뭇조각으로 그라데이션을 만들어 봅니다.

이렇게 활용해 보아요!

색을 칠한 나뭇조각들을 정리할 수 있는 통을 만들어 줍니다. 아이는 색을 구분하여 색깔별로 통에 정리하는 놀이를 할 수 있습니다.

다양한 색깔 단추들

아이들은 다양한 색깔의 단추들로 같은 계열의 색을 구별하고 분류하는 것을 배웁니다.

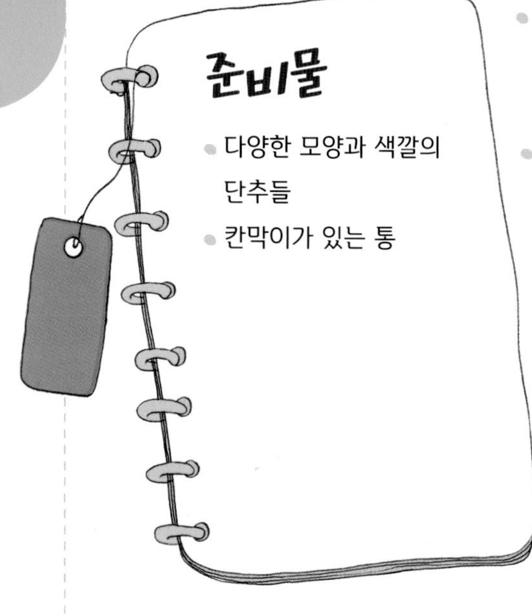

준비물

- 다양한 모양과 색깔의 단추들
- 칸막이가 있는 통

- 단추들을 칸막이가 있는 통에 같은 계열의 색깔별로 나눠 담으며 놀이합니다.

- 모든 단추를 색깔별로 다 분류하였다면 도구들을 제자리에 정리하도록 합니다.

이렇게 활용해 보아요!

아이가 어릴 경우 그릇이나 플라스틱으로 된 통을 사용하면 좋습니다. 아이에게 두세 개의 색깔을 보여 준 뒤, 같은 색깔의 단추를 모으고 같은 색의 통에 담도록 합니다.

나만의 색깔 상자

**여러 가지 색을 구분하여 색깔별로
물건을 정리하는 놀이입니다.**

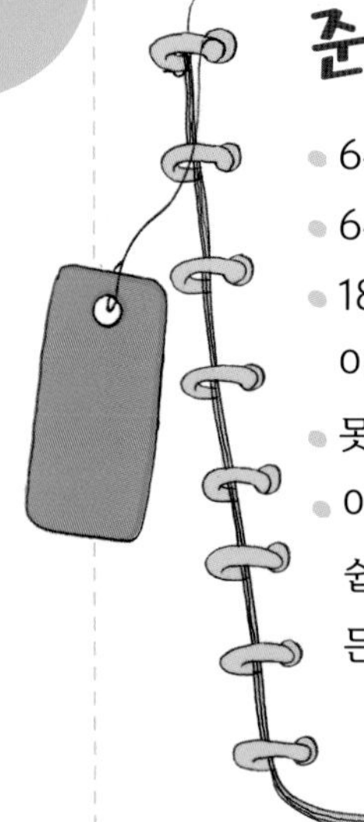

준비물

- 64×18cm 합판
- 64×8cm 널빤지 2개
- 18×8cm 널빤지 5개 이상
- 못
- 아이들이 생활 속에서 쉽게 접할 수 있는 모든 종류의 물건

- 64×18cm 합판을 바닥에 놓고 64×8cm 널빤지를 64cm 길이에 맞춰 양쪽 끝에 붙입니다. 18×8cm 널빤지를 18cm 길이에 맞춰 양쪽 끝에 고정시켜 줍니다.
- 나머지 18×8cm 널빤지들을 간격에 맞게 붙여 칸을 만들어 줍니다.
- 만들어진 정리함 위쪽에 색을 칠하거나 색종이를 붙여 각각의 통에 맞는 색깔의 물건을 담을 수 있도록 합니다.
- 만들어진 정리함을 바닥에 두고 아이들이 각각의 통에 든 물건들을 관찰하도록 합니다.
- 아이들과 함께 어떤 색이 진하고 어떤 색이 연한지 이야기해 봅니다.
- 정리함을 제자리에 두고 아이들이 각각의 통에 맞는 색깔의 물건들을 더 채우도록 합니다.
- 정리함이 꽉 찰 때까지 치우지 않고 둡니다.

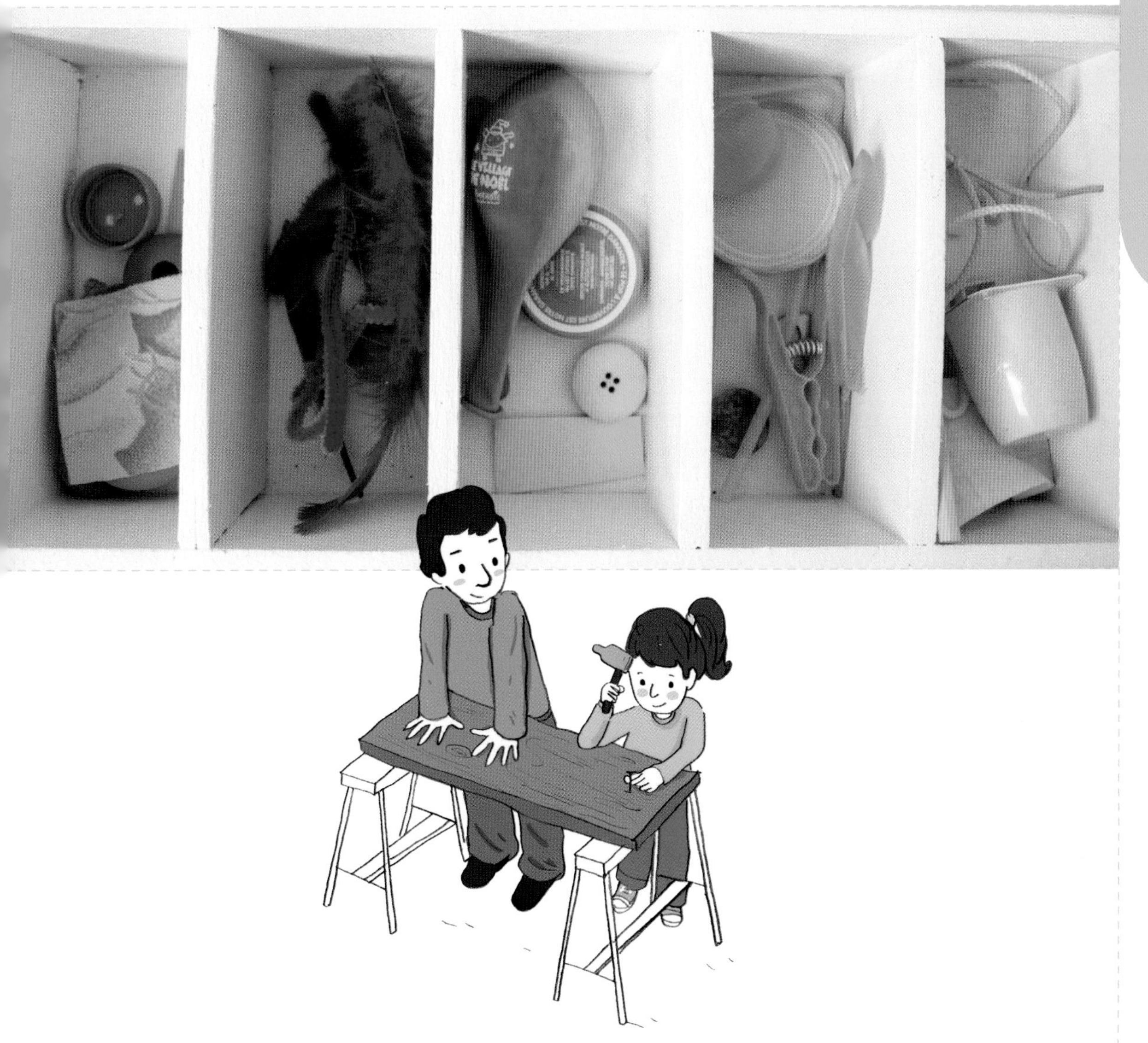

색깔 먹어 보기

**채소를 좋아하는 아이들은 매우 드물지요.
그러나 아래에 소개된 것과 같이 요리법이
신기하면 저절로 채소를 먹게 될 것입니다.**

준비물

6인용

- 오렌지 색의 작은 호박
- 오렌지(또는 오렌지 주스)
- 당근 2개
- 생크림 250ml
- 계란 3개
- 소금
- 후추
- 오목한 그릇
- 오븐용 그릇

- 큰 냄비를 사용하여 껍질을 까지 않은 당근과 호박을 데쳐 줍니다. 채소들이 부드럽게 으깨질 때까지 익혀 줍니다.

- 오븐을 210°C로 예열해 줍니다.

- 오목한 그릇에 준비된 계란, 생크림, 소금, 후추, 오렌지 즙 또는 오렌지 주스를 섞어 줍니다.

- 호박의 물기를 제거해 준 뒤 반으로 잘라 씨를 긁어내 줍니다.

- 당근은 차가운 물에 헹군 뒤 껍질을 까, 호박과 함께 오목한 그릇에 넣어 모두 섞어 줍니다.

- 오븐용 그릇에 섞은 재료를 담은 뒤 30분 동안 오븐에서 익힙니다.

- 완성됐다면 아이들에게 맛보게 하고 재료를 맞춰 보라고 합니다.

- 아이들은 식사 준비에 참여하는 것을 매우 좋아합니다. 케이크나 요구르트처럼 만들기 쉬운 요리를 아이와 함께 만들어 보는 것도 좋은 경험이 될 것입니다.

이렇게 활용해 보아요!

호박씨를 깨끗이 씻어 말려 통에 보관한 뒤, 아이와 함께 여름에 심어 보는 것도 좋습니다. 그리고 하나의 색깔을 주제로 정해, 그 색깔의 채소나 과일을 재료로 한 요리를 만들어 보면 재미있고 유익한 시간이 될 것입니다.

색깔 오목 놀이

재미있는 방식으로 가로, 세로, 대각선의 개념을
이해하는 시간을 가질 수 있습니다.

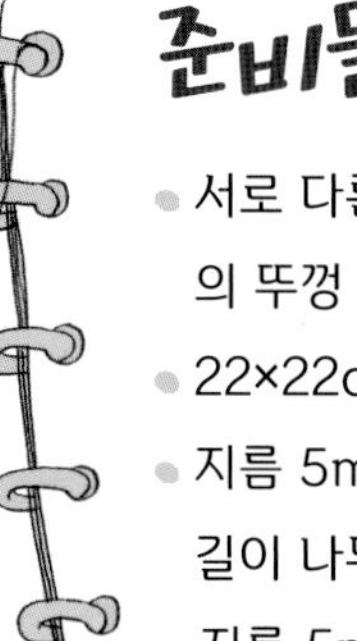

준비물

- 서로 다른 두 가지 색깔의 뚜껑 5개씩
- 22×22cm 합판
- 지름 5mm인 22cm 길이 나무 막대 2개
- 지름 5mm인 7cm 길이 나무 막대 6개
- 접착제
- 통

- 22cm 나무 막대 2개를 합판에 붙여 합판을 모두 세 부분으로 나누어 줍니다.
- 7cm 나무 막대 6개를 사용해 모두 9개의 칸이 되도록 만들어 줍니다.
- 오목 놀이는 두 사람이 할 수 있는 놀이입니다. 각자 원하는 색의 뚜껑을 선택합니다.
- 목표는 같은 색깔의 뚜껑 3개로 선을 만드는 것입니다. 가로, 세로, 대각선이든 상관없습니다.
- 서로 번갈아가며 뚜껑을 놓습니다. 가장 먼저 선을 만드는 사람이 이기는 놀이입니다.
- 놀이가 끝나면 도구들을 정리합니다.

8장. 정원에서 만나는 몬테소리 놀이

자연은 아이들의 성장 발달에 있어서 매우 큰 역할을 합니다. 꽃, 나무, 곤충들을 관찰하며 새로운 세상을 발견하는 기회가 될 것입니다.

아이들은 새로운 세계를 경험하고 싶어 한다.
아이들에게 어떻게 세상을 알아갈 수
있는지 가르쳐 줘야 한다.

마리아 몬테소리

나만의 정원

집에 정원이 따로 없는 경우
아이들이 원하는 꽃이나 채소를
심을 수 있는 화분을 마련하면 됩니다.

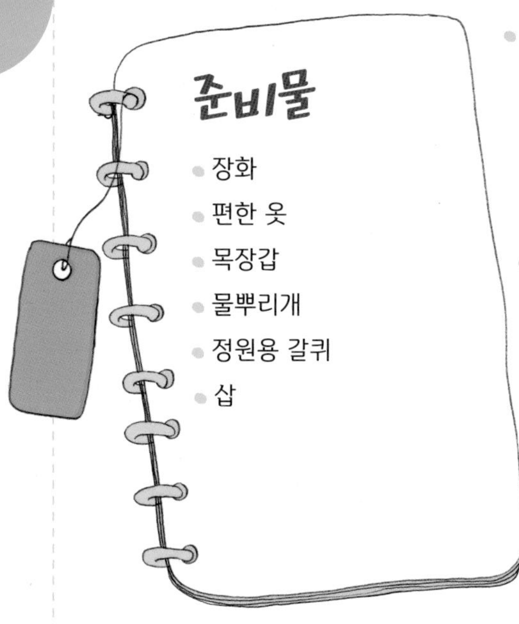

준비물

- 장화
- 편한 옷
- 목장갑
- 물뿌리개
- 정원용 갈퀴
- 삽

- 집에 조그만 텃밭을 꾸며 줍니다. 원하는 식물을 심고 키울 수 있도록 필요한 도구들을 준비합니다.

- 겨울 동안에 먹은 과일이나 야채 씨를 잘 보관해 두었다가, 봄이 되면 아이들과 직접 씨를 뿌려 봅니다. 아이들에게 삽으로 땅 파는 법, 씨 심는 법, 물 주는 법, 곁가지를 다듬는 법을 가르쳐 줍니다. 아이들이 인내심을 가지고 씨앗이 싹이 되고 줄기가 올라와 자라나는 과정을 지켜볼 수 있도록 해 줍니다.

- 씨를 모두 심었다면 모든 도구들을 제자리에 정리합니다.

- 식물이 다 크면 아이들이 직접 열매를 따고 맛보면 좋습니다. 아이들은 자신들이 직접 심은 열매를 매우 자랑스러워할 것입니다. 그리고 자신들이 키운 채소를 맛보고 싶어 할 것입니다.

tip

정원을 가꾸는 데 어려움을 느낄 경우 블로그나 인터넷 까페를 통해 여러 사람들에게 조언을 받을 수 있습니다. 한발 더 나아가 동호회에 가입하여 사람들과 함께 정원을 가꾸고 서로 유용한 정보를 나눌 수 있습니다. 집에서 텃밭을 가꾸기 어렵다면 지자체에서 운영하는 주말농장을 이용하는 것도 좋은 방법입니다.

렌틸콩의 발아

콩이 어떻게 발아하고 자라나는지
아이들이 가까이에서 관찰할 수 있는
좋은 기회가 됩니다.

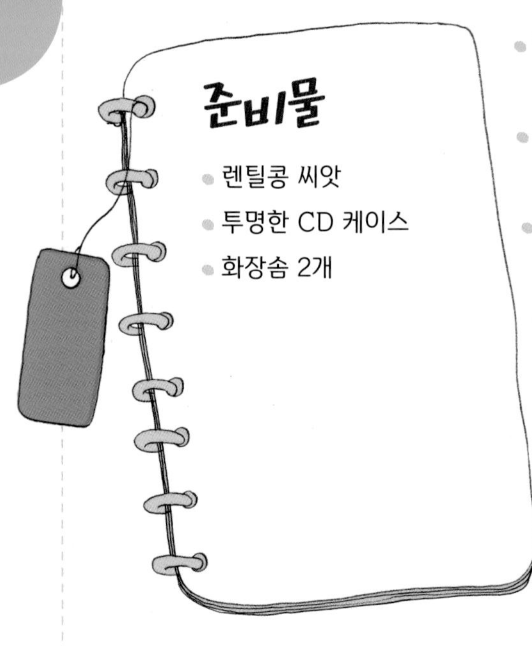

준비물

- 렌틸콩 씨앗
- 투명한 CD 케이스
- 화장솜 2개

- 렌틸콩 씨앗을 물에 젖은 화장솜에 놓습니다.
- 화장솜을 투명한 CD 케이스에 넣습니다.
- CD 케이스를 햇빛이 잘 들고 따뜻한 방에 놓아 둡니다.
- 시간이 갈수록 렌틸콩 씨앗이 서서히 벌어져 점차적으로 하얀 싹이 나고, 그 다음에는 초록 줄기들이 올라오는 것을 볼 수 있습니다.
- 투명한 CD 케이스 덕분에 아이들이 쉽게 발아 과정을 관찰할 수 있습니다.

《 아이들에게 발아 과정을 사진으로 찍어 남기도록 한 뒤
사진들을 가지고 순서 맞히기 놀이를 하면 좋습니다.
또한 공책에 발아 과정을 그림으로 그려 보며
날마다 자라나는 줄기의 길이를 재어 보고
기록할 수 있게 합니다. 》

오렐리 유치원 교사

모종 심기

모종을 심고, 관찰하고 측정하며
식물이 커 가는 과정을 지켜볼 수 있습니다.

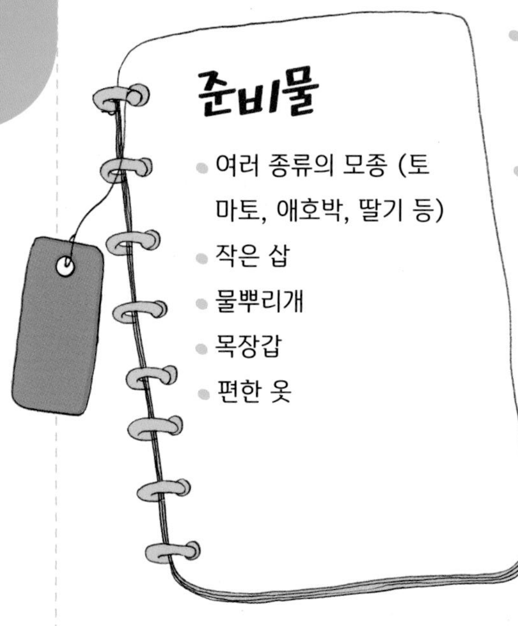

준비물

- 여러 종류의 모종 (토마토, 애호박, 딸기 등)
- 작은 삽
- 물뿌리개
- 목장갑
- 편한 옷

- 아이에게 삽으로 땅 파는 법을 보여 줍니다. 모종을 심기에 적당한 깊이로 땅을 팔 수 있도록 아이를 도와줍니다.
- 아이가 직접 모종을 땅에 심어 보게 합니다.
- 모종을 심고 흙을 잘 다독이고 물을 뿌려 줍니다.

이렇게 활용해 보아요!

국수 호박이나 순무, 작두콩 같이 아이들이 잘 모르는 채소를 심어 보는 것도 재미있습니다. 아이들과 함께 정원에 있을 때 채소와 꽃 그리고 나무들의 이름을 하나씩 알려 주는 것이 좋습니다. 또한 식물이 크기 위해서 햇빛과 물이 필요하다는 것을 설명해 주어야 합니다. 도서관이나 서점에서 관련 책을 구입하여 아이들의 지식을 늘려 주는 것도 좋습니다.

허수아비 만들기

채소밭을 지켜 주는
나만의 허수아비를 만들어 봅니다.

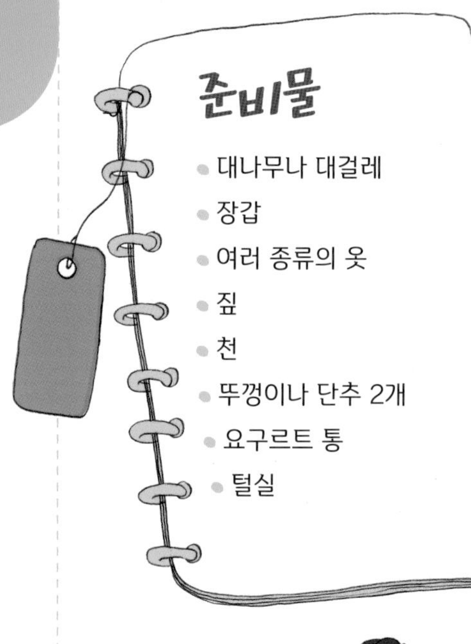

- 아이들 여러 명이 함께 허수아비를 만들도록 합니다. 보호자의 지도 아래 아이들이 어떻게 허수아비를 만들지, 어떤 재료를 사용하여 허수아비를 만들지 서로 자유롭게 이야기할 수 있도록 합니다.
- 준비해 온 옷 안에 짚을 넣어 허수아비의 몸통을 만들어 줍니다.
- 대나무나 대걸레로 허수아비 몸통을 지탱해 줍니다.
- 천에 짚을 넣어 얼굴 모양을 만들어 뚜껑이나 단추로 눈을, 요구르트 통으로 코를, 털실로 입을 만들어 줍니다.
- 장갑으로 허수아비 손을 표현해 줍니다.
- 모자를 씌우거나 자유롭게 허수아비를 꾸며 줍니다.

《 허수아비 '밥' 아저씨가 좋아요.
우리 채소들을 지켜주니까요! 》
로즈 3세

모래 놀이

다양한 도구를 사용하여 모래를 옮기며
놀이를 합니다. 이 과정은 아이가 긴장을 풀고
편안한 마음을 찾는 데 도움이 됩니다. 아이들에게
마음의 안정을 찾아주고 싶을 때 하면 좋습니다.

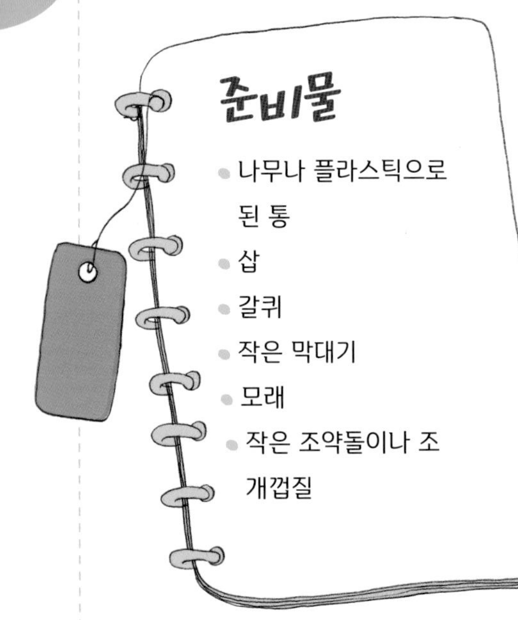

준비물

- 나무나 플라스틱으로 된 통
- 삽
- 갈퀴
- 작은 막대기
- 모래
- 작은 조약돌이나 조개껍질

- 나무나 플라스틱으로 된 통에 모래를 담아 준비합니다. 나머지 재료들도 준비해 줍니다.
- 아이에게 손가락이나 삽 등 여러 도구들을 이용해 모래를 옮기며 놀게 합니다. 작은 막대기로 모래 위에 그림이나 글을 만들고 지우는 것을 보여 주고, 아이 스스로 해 보게 합니다.
- 모래 속에 조약돌이나 조개껍질 등을 숨겼다가 다시 찾아내는 놀이도 아이들이 좋아합니다.

tip
아이가 모래 놀이를 할 때 자연을 떠올릴 수 있는 차분한 음악을 틀어주면 더 큰 효과를 볼 수 있습니다.

《 모래에 흔적 남기는 걸 좋아해요.
매우 부드럽거든요. 》
로라 5세

곤충 집 만들기

이번에는 곤충의 집을 직접 만들어 볼 차례입니다.
곤충의 집은 아이들이 곤충들을 관찰하는 데
유용합니다. 게다가 무당벌레는 채소밭에
해로운 벌레들을 잡아먹고 벌은 수술의 꽃가루를
암술로 옮겨주는 일을 하기 때문에
채소밭을 가꾸는 데 큰 도움이 됩니다.

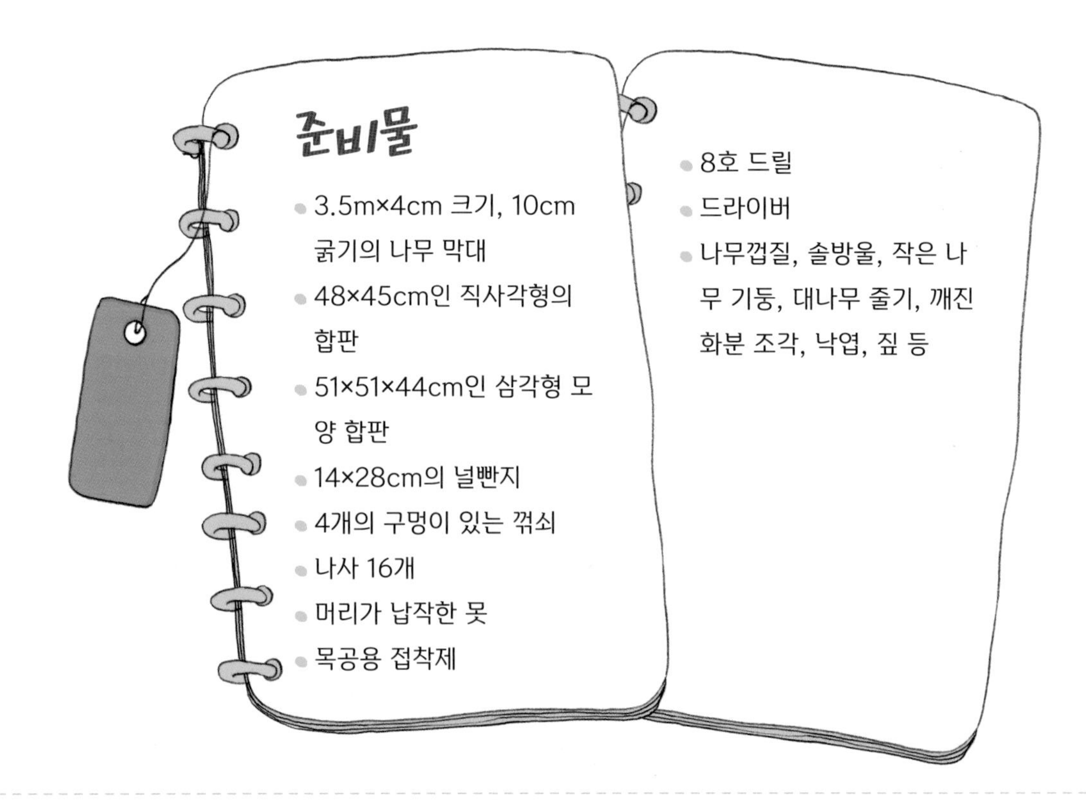

CHRYSOPES
COCCINELLE
OSMIE
GUÊPES SOLITAIRES
SYRPHES
PERCES OREILLES
ABEILLE

곤충 집 만들기

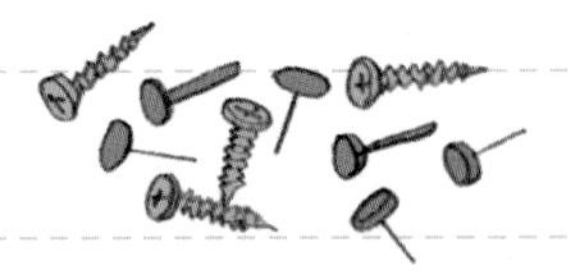

나무 막대나 합판은 목공소나 인터넷 사이트에서 구입할 수 있습니다. 그리고 책과 똑같이 곤충 집을 만들 필요는 없습니다. 마당 크기에 맞춰 얼마든지 자유롭게 만들면 됩니다.

- 옆에 그림을 참조하여 3.5m 나무 막대를 길이별로 잘라 줍니다.
- 자른 나무 막대들을 집 구조에 맞게 목공용 접착제로 붙이고 못질을 합니다. 꺾쇠를 사용해 나무 막대들을 더 튼튼하게 고정시켜 줍니다.
- 준비된 나무 막대와 널빤지로 집 내부에 그림처럼 칸을 만들어 줍니다.
- 48×45cm 합판과 삼각형 합판을 구조물 뒤쪽에 접착시켜 줍니다.
- 드릴로 작은 나무 기둥에 구멍을 뚫어 곤충들이 드나들 수 있도록 합니다.
- 집이 완성되면 아이들이 나무껍질, 솔방울, 구멍 뚫은 나무 기둥, 대나무 줄기 등을 이용하여 칸을 채우도록 합니다.

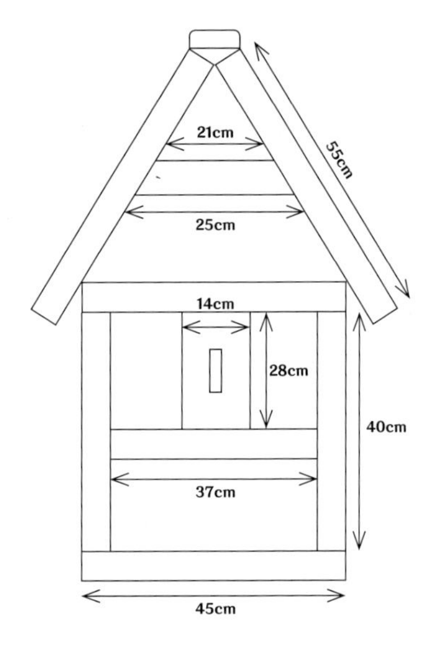

tip

곤충 집에 올 가능성이 있는 곤충들의 사진을 옆에 붙여 아이들이 곤충들을 알아볼 수 있도록 합니다. 사진은 비에 젖지 않도록 코팅해서 붙여 줍니다.

정원에 사는 곤충들

무당벌레: 무당벌레들은 속이 빈 나무줄기나 낙엽 또는 구멍 난 나무에 주로 집을 지으며 진딧물을 잡아먹습니다.

꿀벌: 작은 구멍을 매우 좋아합니다. 꽃가루를 옮기는 아주 중요한 역할을 합니다.

꽃등에: 꽃등에도 무당벌레와 같이 채소밭을 가꾸는 데 꼭 필요한 곤충입니다. 꽃등에 애벌레는 진딧물을 잡아먹으며 꽃등에가 된 뒤에는 꽃가루를 옮겨 주는 역할을 합니다. 주로 속이 빈 나무줄기에 서식합니다.

딱정벌레: 풍뎅이와 헷갈리기 쉬운 벌레이며 채소에 해로운 벌레를 잡아먹습니다. 그루터기나 나뭇더미에 주로 서식합니다.

집게벌레: 짚이 쌓여 있는 곳에서 주로 볼 수 있으며, 화분 뒷면을 살펴보면 가끔 발견할 수 있습니다.

향기 나는 화분

다양한 향기를 맡고 구분함으로써 아이들의 후각이 발달하는 데 좋습니다. 여러 종류의 잎 모양과 색깔을 구분하는 연습을 할 수 있습니다.

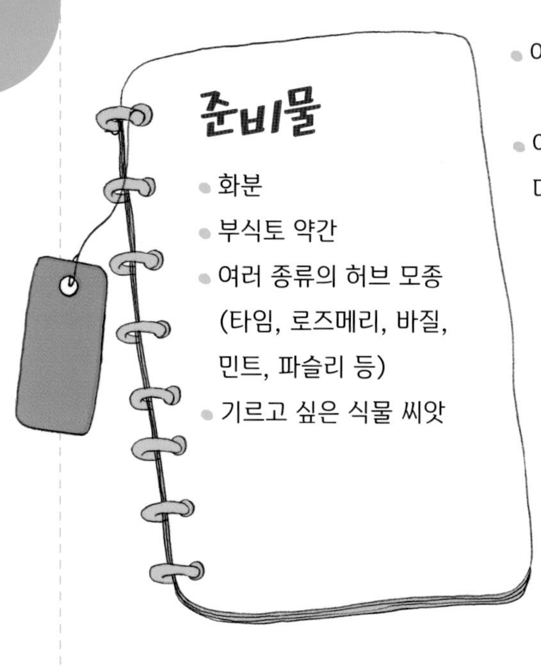

- 아이와 함께 허브 모종과 씨앗을 화분에 심어 줍니다.
- 아이와 함께 허브 잎을 만져 보고 향기를 맡고 비슷한 듯 조금씩 다른 다양한 초록색을 관찰합니다.

tip

사진을 찍어 사진 속의 식물이 무엇인지 알아맞히는 놀이를 할 수 있습니다.

©Shutterstock

나무 벽화

가을이 되면 나뭇잎들이 노랑, 주황, 빨강 등
여러 색으로 변합니다. 아이와 숲속에서 산책을 하며
낙엽을 관찰하고 만져 보고 냄새를 맡으며
나무에 대해 이야기합니다.

준비물

- 커다란 종이
- 여러 색의 페인트
- 붓
- 접착제
- 다양한 모양과 색의 낙엽들

- 아이와 함께 숲속에서 산책할 때 나무를 만져 보고 땅에 튀어나온 나무 뿌리와 얇고 굵은 다양한 나뭇가지들을 관찰합니다. 그리고 다양한 색의 낙엽을 주워 옵니다.

- 주워 온 낙엽을 두꺼운 잡지나 책 안에 넣어 말리도록 합니다.

- 아이들과 함께 큰 종이에 나무를 그려 줍니다. 뿌리는 어떤 역할을 하는지 알려 주고, 나무 몸통과 가지, 이파리는 무엇인지 알려 줍니다. 책에 보관해 두었던 낙엽으로 나무 그림을 꾸며 줍니다.

Les feuilles
Les branches
Le tronc
Les racines

보물찾기 놀이

아이들과 보물찾기 놀이를 할 때에 몬테소리
놀이들을 함께하면 더 재미있게 놀 수 있습니다.
이번에 소개될 놀이는 특히 아이의 생일날 친구들과
함께하면 좋으며 되도록 마당과 집 안 여러 곳을
고루 활용하는 것이 좋습니다.

보물을 찾아라!

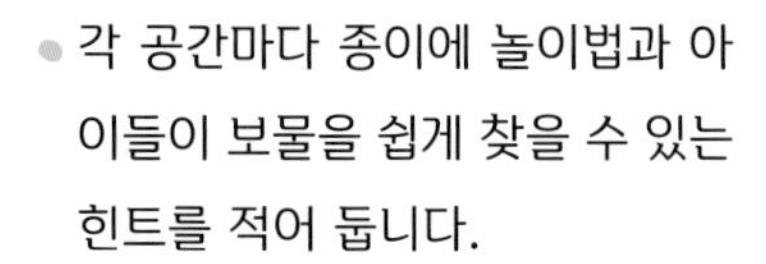

- 각 공간마다 종이에 놀이법과 아이들이 보물을 쉽게 찾을 수 있는 힌트를 적어 둡니다.

❶ 킥보드나 자전거 타기

아이가 킥보드나 자전거를 타고 지나가야 할 길을 바닥에 분필로 그려 줍니다.

❷ 과일과 채소 다섯 개씩 찾기

아이들이 여러 명이라면 팀을 나누어 과일과 채소를 찾는 놀이를 합니다.

❸ 꼭지원기둥 놀이

집 안에 4개의 꼭지원기둥 놀이를 둡니다. 지름과 높이가 모두 줄어드는 것, 높이는 일정하고 지름만 줄어드는 것, 지름은 점점 작아지고 높이는 커지는 것, 지름은 일정하고 높이만 줄어드는 것, 이렇게 4종류의 원기둥 놀이가 있습니다. 아이들이 원기둥을 뽑아 보고 다시 넣도록 합니다. 만약 꼭지원기둥

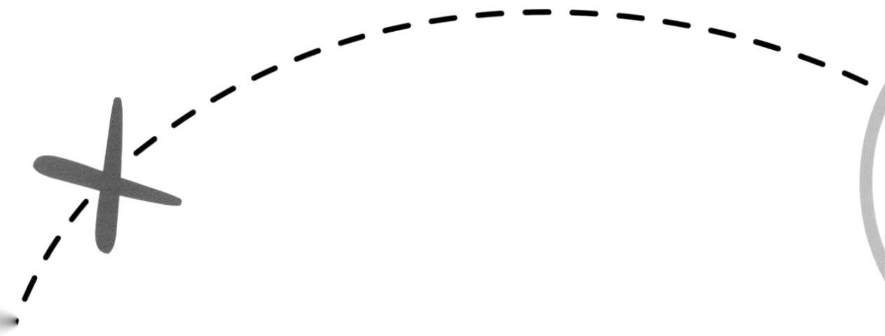

실험의 마지막에는
보물 장소를 발견할 수 있도록
아이들에게 수수께끼를
풀 것을 제안해보세요.

놀이 도구가 없다면 다른 장난감으로 대신해도 좋습니다.

❹ 노래 부르기

아이가 한 다리씩 앞으로 점프하며 노래를 부르게 합니다.

❺ 정원에서 찾기 놀이

길이가 서로 다른 나뭇가지 2개 찾기, 돌멩이 2개 찾기, 모양이 다른 잎 3종류 찾기 등 다양한 미션을 주어 아이가 정원에서 여러 물건들을 찾아 바구니에 담도록 합니다.

❻ 만들기 놀이

아이들에게 여러 재료(천 조각, 접착테이프, 뚜껑, 요구르트 통 등)가 담겨 있는 바구니를 주고 아이들이 정원에서 수집해 온 물건들을 사용하여 자유롭게 작품을 만들도록 합니다.

❼ 과일 맛보기

여러 종류의 과일을 먹기 좋게 자른 뒤 꼬챙이에 꽂아 줍니다. 말린 과일이나 맛이 특이한 과일을 사용하면 더 재미있는 놀이가 됩니다.

❽ 감각 놀이

아이들이 같은 소리를 듣고 같은 천을 만져 보고 같은 냄새를 맡도록 합니다. 오감발달 몬테소리 놀이에 나온 놀이들을 활용하면 좋습니다. 야외에서 하면 더 재미있습니다.

❾ 조개껍질을 찾아라.

모래를 모아 놓고 그 안에 조개껍질을 숨긴 뒤 아이들이 찾아보도록 합니다.

❿ 이사 놀이

바닥에 출발선과 도착선을 끈으로 표시해 준 뒤 아이들을 두 팀으로 나눕니다. 약간 무거운 물건을 준비해 아이들이 출발선에서 도착선까지 최대한 빨리 옮기도록 합니다.

⓫ 보물이다!

보물을 숨길 장소를 정합니다. 어느 팀이 이기고 지느냐 보다는 아이들이 함께 놀며 즐거운 시간을 보내고 서로 지식을 나눌 수 있도록 합니다. 마지막에는 모든 아이들을 위한 작은 선물을 준비해 두면 좋습니다.

감사의 말

감사한 분들이 정말 많습니다. 저에게 있어서 이 책은 저의 일부분입니다. 이 책을 통해 사람들에게 제가 알고 있는 것을 나누고 전달하고 싶습니다.
책을 만들기 위해서는 많은 사람들이 필요하다는 것을 알게 되었습니다. 책을 만들기 위해 많은 사람들이 모여 팀을 만들고 자신의 자리에서 자신이 해야 하는 일들을 묵묵히 해냅니다. 이렇게 모든 사람들의 노력으로 이 책이 나올 수 있었습니다.
고마운 분들이 많습니다. 나를 믿어 주는 아들 니콜라, 많은 도구들을 준비해 준 아버지, 저를 도와준 가족과 친구들, 책을 준비하며 만난 아이들, 책을 위해 여러 가지 아이디어와 정보를 공유해 주신 모든 부모님, 선생님, 아이 돌보미 등 모든 분들께 감사합니다. 저의 은사님과 몬테소리 학교에도 감사합니다.
마지막으로 책으로 나올 수 있게 도와주신 모든 분들에게 감사의 뜻을 전합니다. Eyrolles 출판사와 편집자 아네스 퐁텐, 그래픽 디자이너 폴린 달르망, 델핀 바드레딘 그리고 줄리 샤르베, 책을 감수해 주신 필리프 오두완 모두 감사합니다.
그리고 이 책을 읽어 주신 모든 독자 여러분께 감사합니다. 모두들 이 책을 통해 아이들과 즐거운 시간을 보내시길 바랍니다. 여러분들 덕분에 몬테소리 교육 철학이 계속 이어질 수 있습니다. 모두 삶이라는 길에서 아름다운 기억을 가지시길 바랍니다.

참고 문헌 마리아 몬테소리의 작품

<L’enfant> 2007 <L’enfant dans la famille> 2006
<L’esprit absorbant de l’enfant> 2004

프랑스식 하루 15분
몬테소리 놀이사전

초판 1쇄 발행 2021년 3월 30일

글 델핀 질 코트 | **사진** 장폴 프랜체스크, 무당벌레 요정 아뜰리에 | **일러스트** 세브린 코르디에 | **옮긴이** 손호경
펴낸이 이수지 | **편집** 하선영 | **마케팅** 이수지 | **제작** 이명재 | **디자인** 김세은
펴낸곳 바둑이 하우스 | **출판등록** 제406-251002013000037호 | **주소** (10881) 경기도 파주시 산남로 132번길 31, 1동 1호
대표전화 031-947-9196 | **팩스** 031-948-9196 | ISBN 979-11-90557-11-5 03370 | **정가** 15,000원

★ 잘못된 책은 구입하신 서점에서 바꿔 드립니다.

이 도서의 국립중앙도서관 출판예정도서목록(CIP)은 서지정보유통지원시스템 홈페이지(http://seoji.nl.go.kr)와 국가자료공동목록시스템(http://www.nl.go.kr/kolisnet)에서 이용하실 수 있습니다.

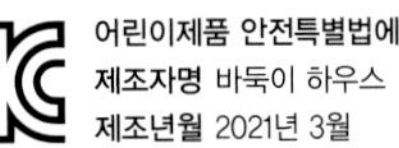